POR UM DEVIDO PROCESSO NEGOCIAL:
O CONTROLE DA ISONOMIA NA TRANSAÇÃO INDIVIDUAL NA ESFERA FEDERAL

CIP-BRASIL. CATALOGAÇÃO NA PUBLICAÇÃO
SINDICATO NACIONAL DOS EDITORES DE LIVROS, RJ

F433p

Ferraz, Luiz Henrique
Por um devido processo negocial : o controle da isonomia na transação individual na esfera federal / Luiz Henrique Ferraz. - 1. ed. - São Paulo : Noeses, 2025.

148 p. ; 23 cm.

ISBN 9788583102670

1. Direito tributário - Brasil. 2. Controle de constitucionalidade - Brasil. 3. Capacidade contributiva (Direito tributário) - Brasil. 4. Igualdade perante a lei - Brasil. I. Título.

25-98761.0 CDU: 34:336.201.2/.3(81)

Meri Gleice Rodrigues de Souza - Bibliotecária - CRB-7/6439

16/06/2025 20/06/2025

Luiz Henrique Ferraz

Advogado sócio de Queiroz Advogados Associados. Mestre em Direito Tributário pela FGV Direito SP. Pós-graduado em Direito Tributário pelo IBET. Graduado em Ciências Contábeis pela FIPECAFI - Fundação Instituto de Pesquisas Contábeis, Atuariais e Financeiras e em Direito pela Universidade Católica de Pernambuco. Conselheiro do Centro Nacional para a prevenção e Resolução de Conflitos Tributários (CENAPRET).

POR UM DEVIDO PROCESSO NEGOCIAL: O CONTROLE DA ISONOMIA NA TRANSAÇÃO INDIVIDUAL NA ESFERA FEDERAL

2025

editora e livraria
NOESES

Copyright © Editora Noeses 2025
Fundador e Editor-chefe: Paulo de Barros Carvalho
Gerente de Produção Editorial: Rosangela Santos
Arte e Diagramação: Renato Castro
Revisão: Georgia Evelyn Franco
Designer de Capa: Aliá3 - Marcos Duarte

2025

editora e livraria
NOESES
Editora Noeses Ltda.
Tel/fax: 55 11 3666 6055
www.editoranoeses.com.br

À minha filha, Luma. Você é o meu verdadeiro projeto.

AGRADECIMENTOS

Agradeço, em primeiro lugar, a minha esposa Juliana Lucchesi, por todo o apoio. Por cuidar da nossa bebê durante a madrugada, para que não perdesse aquele "momento de inspiração" no processo de escrita. Nada seria possível sem você.

Agradeço ao meu orientador, professor Paulo Cesar Conrado, pela generosidade durante todo o percurso. Muito do trabalho se deve a você, professor.

Agradeço à professora Juliana Furtado Costa Araujo, pela imensa colaboração desde muito antes da banca de qualificação. Você foi uma coorientadora informal, professora.

Agradeço à professora Maria Rita Ferragut por tantas intervenções valiosas. Você disse que sempre lembraremos das palavras que ouvimos na banca de defesa. Eu Agradeço pelas suas, professora. Sempre me lembrarei delas.

Agradeço ao professor Augusto de Andrade Mansur pelos questionamentos. Muito obrigado pelas sugestões, professor.

Agradeço aos meus sócios da Queiroz Advogados Associados. A Antonio Carlos de Souza Junior, eu agradeço pelos debates no café. Você contribuiu muito para o trabalho, amigo. A Mary Elbe Queiroz, agradeço o incentivo para sair de Recife e arriscar o mestrado na FGV. Você disse que eu precisava "ser visto por lá", então eu fui.

Agradeço a todos os amigos construídos em sala e fora dela. Sem vocês, o meu "percurso de pesquisa" seria cinza.

Agradeço a todos do núcleo do mestrado por todo o aprendizado. Conviver com vocês é um privilégio que eu gostaria de manter por muito tempo.

Agradeço, por fim, muito especialmente, à minha família. Aos meus pais, irmãos, avós. Vocês são a base de tudo.

PREFÁCIO

Consensualidade e tecnologia: vocábulos que expressam realidades distintas mas que, por contraintuitivo que seja, estão sendo paulatinamente amalgamadas no direito tributário contemporâneo – um movimento (r)evolucionário representativo da quebra do paradigma com o qual convivemos durante quatro décadas e que nos colocou, como nação, na desconfortável posição de campeões de beligerância e de ineficiência tributária.

Para além de corajoso, Luiz Henrique Ferraz, neste seu *"Por um devido processo negocial"*, agarra essa premissa e a explora com fluidez, elegância e muitíssimo conteúdo.

"Negociar" é atividade que demanda instrumental capaz de pragmatizar a dialogia em nível empático, algo que não se vê na processualidade usual, marcada pela noção de contraposição intransigente. Esse instrumental a que me refiro deve naturalmente promanar da lei, pilar de todo Estado de Direito, não se apresentando, hoje, como devaneio, senão como algo real, vivo, pulsante: temos lei, temos ferramentas, temos caminhos de diálogo, temos abertas as portas, enfim, para o exercício da empatia – é o que se vê em relação à transação tributária e ao negócio jurídico processual, especialmente os que envolvem os chamados "planos de amortização".

Sem prejuízo dessa constatação, é importante notar que, mesmo sem perceber, as figuras mencionadas (responsáveis pela pragmatização, repito, da negociabilidade em nível tributário) nasceram em um ambiente que já se encontrava amplamente marcado por grandes avanços tecnológicos, tendo sido justamente a tecnologia, por paradoxal que possa aparentar, o grande impulsionador dos valores inerentes à negociabilidade, valores esses que, vistos em perspectiva mais ampla, são da essência da noção de humanidade – o diálogo, a empatia, a escuta ativa, a amplitude de visão, peças-chave para quem quer soluções mais efetivas e não apenas brigar.

Desse contexto, complexo mas ao mesmo tempo simples (notadamente quando olhamos para o que nos faz verdadeiramente humanos), é que sobrevém a ideia, brilhante, de falar num "devido processo negocial", expressão forjada por Luiz Henrique, num inédito exercício de lucidez que mostra aquilo que sua obra tem de mais importante: um alerta sobre a necessidade de virarmos definitivamente o disco, aceitando a reviravolta paradigmática que os tempos atuais nos impõem.

O direito já não é feito de um modo – essa é a premissa; há modos e modos, como tudo na vida, aliás. E por que não pensar sobre isso? Luiz seguiu esse caminho e, sem desprezo à legalidade, nos chamou à reflexão: no bojo das infindáveis transações e negócios jurídicos processuais já realizados no campo tributário, um elemento comum se enxerga, um elemento que lhes seria essencial, expressivo de um modo de solução de impasses que, submetido a uma metodologia própria (pelo autor acertadamente designada de "devido processo negocial"), pode ser muito mais seguro e eficiente.

E se assim são as coisas, ainda nos caberia pensar na via jurisdicional como "o" modo de operar com as divergências?

Definitivamente: não!

Lhes falo a partir de minha própria experiência (advertência óbvia, já que tudo quanto sobre o que falamos é, em rigor, um espelho fiel do que somos): o pretenso conhecimento que tive oportunidade de acumular, organizar e reorganizar durante um percurso que já conta com mais de três décadas não me autoriza a me fechar em copas; ao contrário, se há (ou havia) uma coisa que me afligia era essa obsessão pela compreensão de um fenômeno tão complexo como o conflito (mormente os tributários) a partir de uma visão tunelada, como se ele, o conflito, fosse um elemento isolado do mundo, submetido a um único destino, a jurisdição.

É tempo de tratar o direito de uma forma mais interativa com outras experiências humanas. O ganho de produtividade, assim agindo, é gigantesco, acreditem – e a leitura atenta deste *"Por um devido processo negocial"* assim comprova.

Sem medo, Luiz Henrique Ferraz, com inspiração ímpar, nos provoca sobre a fragilidade (e, por vezes, a paradoxal arrogância) dos raciocínios isolacionistas, mostrando, com isso, nossa própria fragilidade (e porque não dizer, nossa arrogância, afinal por trás de todo prepotente há um ser frágil tentando se esconder), e, com tudo isso, nos convida a pensar sobre os conflitos tributários num contexto muito mais amplo do que a via jurisdicional proporciona; melhor: um contexto menos tenso, embora tão sério quanto a seu propósito – revestir de segurança as operações tendentes a resolver aqueles mesmos conflitos.

É com extremo orgulho (sentimento que, entendam, exteriorizo aqui em sua versão mais positiva) que uso da oportunidade que Luiz e Noeses me concederam de prefaciar esse livro primoroso, fruto do espírito iluminado de quem, num momento mais que especial de sua vida – marcado pela paternidade, pela colação do grau de mestre e por um vertiginoso crescimento profissional –, foi capaz de agarrar todas as oportunidades que a Vida lhe concedeu (sim, Vida, com "V" maiúsculo, a expressão de nossa divindade), glorificando-as em um escrito limpo, fluído, provocador e que seguramente a muitos inspirará.

São Paulo, maio de 2025.

Paulo Cesar Conrado

@pcconrado
Professor do Programa de Mestrado Profissional
em Direito Tributário da FGV Direito SP
Mestre e Doutor em Direito Tributário pela PUC/SP
Cocoordenador do Núcleo de Direito Tributário
do Mestrado Profissional da FGV Direito SP
Juiz Federal em São Paulo
Coordenador do Grupo de Estudos
"Processo Tributário Analítico" (Ibet)
Professor curso de extensão
"Processo Tributário Analítico" (Ibet)
Cofundador da plataforma theblink.com.br

LISTA DE ABREVIATURAS E SIGLAS

Capag-E: Capacidade de pagamento efetiva

Capag-P: Capacidade de pagamento presumida

CPC: Comitê de Pronunciamentos contábeis

CPC-2015: Código de Processo Civil de 2015

CSLL: Contribuição Social sobre o Lucro Líquido

CTN: Código Tributário Nacional

DIDAU: Divisão da dívida ativa

PRDI: Pedido de revisão de dívida inscrita

PGFN: Procuradoria-Geral da Fazenda Nacional

RFB: Receita Federal do Brasil

STF: Supremo Tribunal Federal

STJ: Superior Tribunal de Justiça

SUMÁRIO

1. INTRODUÇÃO

1.1 O porquê da isonomia e por que a transação individual?

A transação tributária – modalidade de autocomposição presente desde a redação original do Código Tributário Nacional (arts. 156, III e 171 do CTN) – permaneceu como possibilidade adormecida por mais de 50 anos no sistema jurídico. Discussões relacionadas ao dogma da indisponibilidade do crédito público[1] associadas a um aparente desinteresse político-legislativo podem ter impedido o desenvolvimento do instituto durante longo período.

---

1. "Para aceitarmos a transação no Direito Tributário, realmente, basta entendermos que o tributo, como os bens públicos em geral, é patrimônio do Estado. Indisponível na atividade administrativa, no sentido de que na prática ordinária dos atos administrativos a autoridade dele não dispõe. Disponível, porém, para o Estado, no sentido de que ele, titular do patrimônio, dele pode normalmente dispor, desde que atuando pelos meios adequados para a proteção do interesse público, vale dizer, atuando pela via legislativa, e para realização dos fins públicos. Em algumas situações, é mais conveniente para o interesse público transigir e extinguir o litígio, do que levar este até a última instância, com a possibilidade de restar a Fazenda Pública afinal vencida. Daí a possibilidade de transação. Em casos estabelecidos na lei, naturalmente, e realizada pela autoridade à qual a lei atribuiu especial competência para esse fim" (MACHADO, Hugo de Brito. Transação e arbitragem no âmbito tributário. In: SARAIVA FILHO, Oswaldo Othon de; GUIMARÃES, Vasco Branco (organizadores). *Transação e arbitragem no âmbito tributário:* homenagem ao jurista Carlos Mario da Silva Velloso. São Paulo: Fórum, 2008. p. 115)

O advento do atual Código de Processo Civil (CPC-2015) representou uma mudança normativa estrutural que vai muito além da regulação do exercício da atividade jurisdicional. A tutela constitucional do processo, segundo a qual os institutos processuais devem ser interpretados sob a perspectiva constitucional,[2] foi reafirmada logo no artigo inaugural da lei.

No mesmo capítulo, que trata das "normas fundamentais do processo civil", há um comando programático que impõe ao Estado, e não apenas ao Juiz, a missão de promover a solução consensual dos conflitos.[3] A menção a valores e princípios de envergadura constitucional é frequente no texto legal.

O CPC-2015 incorporou a percepção já difundida de que a jurisdição, conquanto essencial, não é a única e, muitas vezes, sequer a mais eficiente forma de resolução de litígios.[4] Abriu espaço a um contínuo amadurecimento ins-

2. São duas as premissas de maior abrangência e vigor metodológico inerentes à teoria geral do processo. A primeira delas colhe-se no plano político-constitucional regente de todas as instituições do país, inclusive aquelas contidas no plano do processo, e é representada pelo direito processual constitucional. Dele emanam e a ele devem convergir todas as colocações dogmáticas ou conceituais referentes a todos os ramos do processo. A tutela constitucional do processo, que integra o direito processual constitucional, é um seguríssimo escudo metodológico destinado a assegurar ao exercício do poder (inclusive no plano jurisdicional) os indispensáveis predicados da segurança, da confiabilidade e sobretudo do compromisso com a busca da justiça em casos concretos. A segunda dessas premissas metodológicas consiste na instrumentalidade de todo o sistema processual a certos objetivos que devem comandá-lo. No tocante ao exercício da jurisdição, revela a doutrina que o escopo magno a ser perseguido é o da pacificação de sujeitos ou grupos em litígio, mediante a solução de seus conflitos. (CINTRA, Antonio Carlos de Araújo; GRINOVER, Ada Pellegrini; DINAMARCO, Candido Rangel. *Teoria geral do processo*. São Paulo: Malheiros ed. 31, 2015, p. 31)

3. Lei nº 13.105/2015.
Art. 3º. [...] §2º O Estado promoverá, sempre que possível, a solução consensual dos conflitos.

4. "Ao prescrever, com efeito, a possibilidade de resolução consensual como meio alternativo à jurisdição, prática a ser fomentada pelo Estado, o Código de 2015 revelou o que seria óbvio, não fosse a nossa obsessão pela litigância: a convenção diretamente entabulada pelos sujeitos interessados para fins de (de)terminação de seus dissensos seria (e é) triplamente mais vantajosa – (i) contribui para a efetividade do direito, (ii) reduz o tempo de duração da pendenga (iii) neutraliza as possíveis

titucional que permitiu florescer várias iniciativas voltadas à desjudicialização de conflitos fiscais, culminando na Lei nº 13.988/2020, como, em outras palavras, anotaram Juliana Furtado Costa Araujo e Paulo Cesar Conrado:

> O Código de Processo Civil de 2015, vigente a partir de 18 de março de 2016, trouxe novas luzes para a realidade processual nacional, destacando-se, nesse novel contexto, valores como o da cooperação e o da busca da consensualidade. [...] Esse novo ambiente normativo, muito mais permeável a figuras como a conciliação, a arbitragem e o negócio jurídico processual – todas prestigiadoras da busca do consenso, constitui verdadeiro marco para a realidade jurídica nacional, indo muito além do campo estritamente processual. [...] Pois é justamente esse ânimo, derivado do Código de Processo Civil de 2015, que, parece-nos, teria gerado o ambiente até então inexistente para que a transação do art. 171 do Código Tributário Nacional saísse do campo das abstrações. Não coincidentemente, frisamos, ela está posta, via Lei nº 13.988/2020, exatamente em relação ao órgão que, como destacamos, vinha demonstrando, desde antes, sua aderência aos valores fixados pelo diploma processual de 2015.[5]

A transação tributária, positivada no supramencionado diploma legal, já traz expressivos resultados e é amplamente utilizada na solução de conflitos fiscais. Questionar a compatibilidade desse método compositivo com o ordenamento jurídico, na atualidade, seria dar as costas à realidade. Esse, espera-se, é um debate definitivamente superado.

À medida em que a celebração de acordos se torna mais usual e relevante, contudo, questionamentos de ordem pragmática tomam o lugar das discussões abstratas.

---

inconsistências derivadas da atuação jurisdicional." (CONRADO, Paulo Cesar; CAMANO, Fernanda Donnabella. *O (des)contencioso tributário*: da litigiosidade escalar à transação de tese. São Paulo: Noeses, 2023, P.31)

5. ARAÚJO, Juliana Furtado Costa; CONRADO, Paulo Cesar. Transação tributária no direito brasileiro e seus principais aspectos à luz da Lei nº 13.988/2020 com as alterações da Lei nº 14.375/2022. In: CONRADO, Paulo Cesar; e ARAÚJO, Juliana Furtado Costa (coordenadores). *Transação tributária na prática da Lei nº 13.988/2020.* São Paulo: Thomson Reuters Revista dos Tribunais, 2020, e-book (não paginado).

É necessário garantir, o tanto quanto possível, que a discricionariedade administrativa abundante na transação esteja concretamente dentro dos seus domínios legítimos.

Essa preocupação – com a maneira com a qual esse poder discricionário se converteria em decisões administrativas na realidade prática – moveu o interesse do autor na direção do objeto desta obra. Isso explica a opção metodológica em usar a transação individual como pano de fundo para a discussão, já que nela é amplificada a margem de liberdade decisória, o que demanda maior cuidado e controle.

Não se quer dizer que as questões aqui levantadas não sejam pertinentes também à modalidade por adesão da transação e que, até pela individualidade que também é inerente à transação por adesão, ponderações feitas não possam ser a ela aproveitadas no que for cabível.[6]

Abordar o complexo tema da isonomia a partir da transação individual,[7] por conseguinte, representa apenas a escolha de debater essa matéria em um ambiente no qual ela causa maior apreensão.[8]

Cabe mencionar que não há qualquer registro de utilização da transação individual pela Receita Federal do

---

6. A individualidade e generalidade presentes em todas as modalidades da transação é objeto de tópico específico.

7. Em consonância com a preocupação que inspirou esta obra, adota-se igualdade e isonomia como termos sinônimos, ambos representativos de uma medida de justiça na tributação que veda o tratamento administrativo discriminatório e desigual entre contribuintes, ressalvado o estabelecimento de critério de diferenciação racional, proporcional e admitido pelo sistema jurídico.

8. "À lei tributária, portanto, é dado desigualar situações, atendendo a peculiaridades de classes de contribuintes, mas só quando haja uma a relação de inerência entre o elemento diferencial e o regime conferido aos que se incluem na categoria diferençada. [...] Portanto, o princípio da igualdade veda que contribuintes essencialmente iguais venham tratados de modo diferençado, cabendo, evidentemente, ao legislador e ao aplicador proceder a uma seleção racional dos fatos aos quais atribuirá a mesma consequência jurídica - vale dizer: que considerará, para fins de direito, iguais." (CARRAZA, Roque Antonio. *Curso de direito constitucional tributário*. 29ª ed. São Paulo: Malheiros, 2013, p. 483-484)

Brasil, apesar da autorização legal e disciplina regulamentar para uso da ferramenta. Esse fato explica o porquê de o trabalho explorar a transação individual exclusivamente no âmbito da PGFN.

O trabalho pode ser dividido em 3 (três) blocos que se conectam e, por isso, precisam ser lidos em conjunto. No primeiro, premissas importantes são estabelecidas. A natureza da relação jurídica subjacente à transação e, por consequência, os parâmetros de controle a ela aplicáveis são abordados.

Na segunda parte, o tema da igualdade é tratado na perspectiva da Administração Tributária, considerando as ferramentas já disponíveis no sistema jurídico.

Por último, discute-se o inevitável e delicado papel do Poder Judiciário como instância de controle externo, sobretudo em contextos marcados por ampla discricionariedade administrativa. Justifica-se, nesse cenário, a intervenção judicial, ainda que se reconheçam os riscos que ela pode representar à consolidação da transação como instrumento eficaz de resolução de litígios. Defende-se, por fim, a necessidade de se instituir um devido processo de negociação, como forma de mitigar o tensionamento entre os Poderes e fortalecer os mecanismos de consensualidade.

Se não é admissível conceber o processo judicial sem um devido processo legal que o estruture, e sobre isso muito já se teorizou, a consensualidade que se pretende substitutiva à jurisdição necessita de uma figura equivalente, que preencha essa lacuna. É o que neste trabalho se denomina "devido processo negocial" por alusão. Apontar a necessidade de que essa doutrina seja construída e refletida no direito positivo é o propósito central que se espera atingido ao final desta obra.

A isonomia na transação, entre muitas abordagens possíveis, foi escolhida apenas para ilustrar o debate em razão da importância e dificuldade que se atribui ao controle da igualdade no ambiente consensual. Essa também é uma temática muito relevante e, dentro da perspectiva de um devido processo da negociação, precisará ser enfrentada.

É fundamental um modelo que garanta a "isonomia possível" na transação em matéria tributária. Sem um "devido processo negocial" – que promova o máximo grau de equilíbrio no trato dos contribuintes – a transação terá falhado como forma justa e democrática de resolução de litígios, ainda que atinja bons resultados em termos de arrecadação ou que encerre volumosa quantidade de disputas fiscais.

2. A TRANSAÇÃO TRIBUTÁRIA NA ESFERA FEDERAL

2.1 A natureza da relação jurídica na transação tributária

A definição da natureza jurídica do termo de transação tributária, se ato ou contrato administrativo, é objeto de debate na doutrina. Enquanto no direito privado, como lembra Claudio Luiz Bueno de Godoy,[9] a natureza contratual da transação foi positivada com o Código Civil de 2002, que modificou a legislação anterior[10] para incorporar o instituto

---

9. "Tem-se então, no CC/2002, superada a divergência que antes se erigia sobre a natureza contratual da transação, hoje textualmente reconhecida, que outrora se criticava ao argumento de que, por meio dela, não se criavam ou transferiam direitos, em essência, embora a rigor, nada o impedisse [...] De mais a mais, fosse só pelo fato de a transação envolver dupla manifestação de vontade e então também a novação deveria ter recebido nova topografia no atual CC. A verdade é que todo o questionamento se refere, propriamente, à afirmação tradicional de que a transação seja forma extintiva da obrigação, ademais mediante atividade tão só declarativa das partes." (BUENO DE GODOY, Claudio Luiz e outros. *Código Civil comentado:* doutrina e jurisprudência: Lei n. 10.406, de 10.1.2002. Coordenação: Cezar Peluso. 12ª ed. rev. e atual. Barueri, SP: Manole, 2018. p. 836.)

10. "O Código Civil de 1916 tratava da transação em sua Parte Especial, Livro III ("Do Direito das Obrigações"), Título II ("Do Efeito das Obrigações"), Capítulo IX ("Da Transação"). Estava, pois, longe de ser tratada como um contrato, aos quais era dedicado outro título ("IV – Dos Contratos"), ainda que do mesmo Livro III. Na vigência do Código Civil de 1916 a doutrina se dividia entre os que consideravam a

ao título destinado às "várias espécies de contratos", em matéria tributária a questão ainda suscita algum debate.

Alguns sustentam a natureza contratual da transação em matéria tributária partindo da teoria geral construída no âmbito do direito privado. Nesse sentido, há quem entenda que o termo de transação é um contrato fiscal celebrado entre a administração tributária e o particular interessado.

Argumenta-se que, ainda que dentro de limites legais, a reciprocidade de concessões na transação tributária é produto da manifestação autônoma de vontade, o que lhe confere natureza contratual.

Formar-se-ia, por conseguinte, como produto do "contrato-transação" firmado, uma nova relação jurídica,[11] com condições e termos próprios, extinguindo-se a obrigação tributária precedente,[12] e, simultaneamente, constituindo-se

---

transação como um ato jurídico e aqueles que a compreendiam como um instrumento de natureza contratual, a exemplo do que ocorria em outros países e em que pese sua localização no bojo do código (RODRIGUES, 2004, p. 368)." (GAMA. Clairton Kubassewski. Transação em matéria tributária: natureza, consequências e segurança jurídica. In: *Rejuris* STJ – revista de estudos jurídicos do Superior Tribunal de Justiça, Brasília, ano 2, nº 2, p. 181-217, dez. 2021, p. 187, disponível em: https://rejuri.stj.jus.br/index.php/revistacientifica/article/view/296/40)

11. "O raciocínio deve ser claro: a transação implica novação. Uma vez concluída, ela extingue o crédito tributário, por força do artigo 171 do Código Tributário Nacional. O que surge em seu lugar é um novo crédito, resultado da transação. Claro que esse crédito tem natureza pública, mas seu 'fato gerador' é a própria transação." (SCHOUERI, Luís Eduardo. *Direito tributário*. 9ª ed. São Paulo: Saraiva Educação, 2019, p.1247)

12. "(...) o produto das transações é justamente contrato que simultaneamente extingue as obrigações até então controversas, criando outras em seu lugar, consubstanciando espécie de novação. Logo, se de um lado extingue obrigações ou uma relação jurídica com determinado feitio, cria outra, com novo conteúdo, para substituí-la. A natureza bilateral das mútuas concessões reforça a natureza contratual da transação, bem como a intenção de solucionar o conflito de ambas as partes, sem a qual ela não se aperfeiçoaria." (PARISI, Fernanda Drummond. *Transação tributária no Brasil:* supremacia do interesse público e a satisfação do crédito tributário. Tese (Doutorado em Direito) Pontifícia Universidade Católica de São Paulo – PUC-SP, 2016, p. 116.

outra oriunda da vontade das partes, posição defendida por Luís Eduardo Schoueri e Mateus Calicchio Barbosa:

> a transação extingue, mediante uma novação, o crédito tributário constituído e a obrigação tributária subjacente, integralmente substituídos por um novo vínculo entre contribuinte e a Administração. [...] Nestes termos, a causa eficiente da obrigação decorrente da transação não mais se esgotará, como a obrigação tributária original, na própria lei. [...] Tem-se, afinal, novação, porque constatada a nova causa jurídica (eficiente) para a obrigação acordada. Em síntese, se a obrigação tributária é *ex lege* na transação se tem obrigação contraída *ex voluntate*[13].

Essa visão, caso fosse adotada, traria implicações relevantes para o objeto deste livro, já que, ao modificar a natureza da obrigação, estar-se-ia, inevitavelmente, alterando também os possíveis parâmetros de controle.

Dito de outro modo, se a relação jurídica deixa de ter natureza tributária, o sistema jurídico-tributário e as regras atinentes à cobrança do crédito tributário, a princípio, não podem ser invocados como fundamento de validade e eventual correção do termo de transação.

O controle da isonomia na transação, nesse aspecto, ficaria bastante fragilizado dado que, com poucos limites legais, a legitimidade da declaração de vontade (obrigação "ex *voluntate*") poderia ser apontada como pilar de sustentação jurídica dos acordos sem necessidade de maiores ônus de justificação.

De outro lado, negando a natureza contratual da transação tributária, há quem a enquadre como ato administrativo. Argúi-se, nessa perspectiva, que a participação do

---

13. SCHOUERI, Luís Eduardo; BARBOSA, Mateus Calicchio. Transação e novação: a extinção do crédito tributário pelo artigo 171 do CTN e a (im)possibilidade de repetição de indébito. In: SARAIVA FILHO, Oswaldo Othon de Pontes (coord.). *Transação tributária*: homenagem ao jurista Sacha Calmon Navarro Coêlho. Belo Horizonte. Fórum, 2023. P. 220-234.

contribuinte na formação do termo de transação não desnatura a sua natureza de ato,[14] porquanto "os atos negociais formam-se sempre com a participação do particular interessado na sua obtenção, e para tanto há que atender às exigências administrativas estabelecidas para sua expedição, comprovadas em processo regular", como já ensinava Hely Lopes Meirelles.[15]

Nessa óptica, não se vislumbra na transação tributária "contradição de interesses e finalidades essenciais", elementos fundamentais à caracterização do contrato administrativo,[16] consubstanciando o termo de transação no dizer de Natalia de Nardi Dácomo:

> ato administrativo participativo, pois, antes da concretização unilateral, existe um momento de diálogo entre o Fisco e o contribuinte, no processo de produção, que possibilita a elaboração de um ato administrativo, isto é, o reconhecimento de que o ato é emitido com base em um "acordo".[17]

---

14. "Não afeta a unilateralidade a circunstância, muito frequente, de o ato depender, para sua produção ou para seus efeitos, do concurso da vontade do particular, seja solicitando-lhe a prática, seja aceitando seus efeitos." (BANDEIRA DE MELLO, Celso Antônio. *Curso de direito administrativo.* 32ª ed. São Paulo: Malheiros, 2015, p. 436)

15. MEIRELLES, Hely Lopes. Formação, efeitos e extinção dos atos administrativos negociais. Revista de Direito Administrativo, Rio de Janeiro /RJ, 158:15-19, out./dez. 1984. Texto disponível em: https://bibliotecadigital.fgv.br/ojs/index.php/rda/article/view/44264

16. "Afastadas as duas ideias - quer a que equipara o contrato administrativo ao ato unilateral, quer a que o equipara a verdadeiras normas jurídicas - resta enquadrá-lo como contrato, considerado este em suas características básicas, presentes em qualquer tipo de contrato, público ou privado, a saber, segundo Meirelles Teixeira (RDP 6/115-116): (...) os interesses e finalidades visados pelas partes apresentam-se contraditórios e opostos, condicionando-se reciprocamente, uns como causa dos outros" (DI PIETRO, Maria Sylvia Zanella. Direito administrativo.33ª ed. Rio de Janeiro: Forense, 2020, p.569.)

17. DÁCOMO, Natalia de Nardi. *Direito tributário participativo:* transação e arbitragem administrativas da obrigação tributária. Tese (Doutorado em Direito), Faculdade de Direito da Pontifícia Universidade Católica de São Paulo, 2008, p. 115.

O termo de transação firmado, portanto, através de concessões mútuas legalmente delimitadas, remodela as condições de cumprimento da prestação,[18] criando, a esse respeito, direitos e obrigações para ambas as partes, sem mudar a natureza tributária do objeto do acordo, que mantém o caráter decorrente da lei (obrigação *ex lege).*[19]

Assim, se é uma relação jurídica tributária que a transação modificará, ela deve observar a mesma forma exigida para a obrigação alterada[20] e o que dela decorre deverá conservar a mesma natureza. Isto é, constituindo-se a relação jurídico-tributária por ato administrativo de lançamento,[21] ostentará o termo de transação essa qualificação e a relação jurídica sobrevinda idêntica natureza.

---

18. "A transação apresenta função puramente acessória, instrumental e secundária, sendo imprescindível que outra figura incida extinguindo o crédito. Não é difícil apontar que será o pagamento que se traduzirá na verdadeira causa de extinção da obrigação tributária." (CONRADO, Paulo Cesar; ARAUJO, Juliana Furtado Costa. Transação tributária no direito brasileiro e seus principais aspectos à luz da Lei n. 13.988/2020. In: CONRADO, Paulo Cesar; ARAUJO, Juliana Furtado Costa (coordenadores). *Transação tributária na prática da Lei nº 13.988/2020.* São Paulo: Thomson Reuters Revista dos Tribunais, 2020, e-book (não paginado))

19. "os atos administrativos negociais produzem efeitos concretos e individuais para os que dele participam, gerando direitos, obrigações e encargos recíprocos para a administração que os expede e para o particular que os recebe". (MEIRELLES, Hely Lopes. Formação, efeitos e extinção dos atos administrativos negociais. *Revista de Direito Administrativo,* Rio de Janeiro /RJ, 158:15-19, out./dez. 1984. Texto disponível em: https://bibliotecadigital.fgv.br/ojs/index.php/rda/article/view/44264).

20. "A transação há de ter a forma que teria o negócio jurídico cujo conteúdo fosse o da modificação operada ou do negócio jurídico cujos efeitos são por ela declarados. Por si só, não exige forma especial. Mas a transação sôbre existência ou validade do direito real há de ter a forma exigida pelo art. 134, II do Código Civil" (PONTES DE MIRANDA. Francisco Cavalcanti. *Tratado de Direito Privado* tomo XXV. Atualizado por Nelson Nery Jr e Rosa Maria de Andrade Nery. São Paulo: Revista dos Tribunais, 2012, p. 197. (disponível em: https://edisciplinas.usp.br/pluginfile.php/7543499/mod_resource/content/0/Monitoria%2012%20-%20Pontes%20de%20Miranda%20-%20Obrigat%C3%B3rio.pdf)

21. "Em nosso entender, o lançamento reveste a natureza de ato administrativo, pois nem sempre impor-se-á uma sequência de atos para que se possa apurar o montante devido e indicar o sujeito passivo da obrigação tributária principal" COSTA, Regina Helena. *Curso de direito tributário:* Constituição e Código Tributário Nacional / Regina Helena Costa. – 4. ed. rev., atual. e ampl. – São Paulo: Saraiva,

Essas considerações são feitas – conquanto não seja a finalidade desta obra aprofundar a discussão – porque é importante destacar que se entende que a celebração do acordo não descaracteriza a natureza tributária da obrigação transacionada muito menos instaura uma relação jurídica de natureza contratual, substitutiva da tributária, a implicar novação. Essa é a posição que está de acordo com o regime legal,[22] que rechaça a tese da novação,[23] como também defende Lázaro Reis Pinheiro Silva:

> Temos que, a despeito de sua feição negocial, já que decorre de um acordo de vontades engendrado entre Fisco e sujeito passivo da obrigação tributária, a transação tributária não se equipara a um contrato, daí por que a concepção de que ensejaria uma novação, que, contudo, também não se sustenta em âmbito tributário, pois na novação instaura-se uma relação jurídica material totalmente nova ("repaginada") que substitui a anterior mediante a intenção de "inovar" dos sujeitos envolvidos, efeito esse que não se consagra na relação tributária quando Fisco e contribuinte transacionam.[24]

Tal conclusão, conforme se pensa, melhor atende ao propósito de construir uma doutrina que não institucionalize o arbítrio, viabilizando, o tanto quanto possível, um certo grau de controle não litigioso do exercício da discricionariedade, que é o real objetivo deste trabalho, além de, simultaneamente, manter aplicáveis as garantias e privilégios assegurados ao crédito tributário transacionado,

---

2014, p. 172.

22. Lei nº 13.988/2020
Art. 3º. (...) § 3º. Os créditos abrangidos pela transação somente serão extintos quando integralmente cumpridas as condições previstas no respectivo termo.

23. Lei nº 13.988/2020
Art. 12. (...) § 3º A proposta de transação aceita não implica novação dos créditos por ela abrangidos.

24. SILVA. Lázaro Reis Pinheiro. Transação como mecanismo preparatório para a extinção da obrigação tributária. In: CONRADO, Paulo Cesar; e ARAÚJO, Juliana Furtado Costa (coordenadores). *Transação Tributária na Prática da Lei nº 13.988/2020*. São Paulo: Thomson Reuters Revista dos Tribunais, 2020, e-book (não paginado).

prestigiando regras construídas em prol do interesse público.

2.2 Da individualidade da transação por adesão à generalidade da transação individual

Este tópico introduzirá o modelo classificatório adotado pela Lei nº 13.988/2020, o que, a um só tempo, permitirá diferenciar as modalidades de transação previstas e demonstrar que elas se aproximam muito mais do que se poderia supor à primeira vista.

A premissa sobre a qual se estabelece o arquétipo legal é que a transação tributária visa substituir a jurisdição[25] como instrumento de pacificação social mais efetivo.[26] O esquema construído pela lei leva em consideração, assim, a categoria processual para a qual o acordo serve de alternativa.

O processo antiexacional – instaurado em âmbito judicial ou administrativo por inciativa do sujeito passivo com intento de questionar a exigibilidade da obrigação posta ou pressuposta – encontra opção na transação no contencioso. A demanda executiva, cuja iniciativa pertence à

25. Inclui-se nesta menção à "jurisdição" o julgamento de conflitos por tribunal administrativo. Para o propósito deste trabalho, o debate sobre a natureza da atividade administrativa de solução de litígios, se jurisdição ou equivalente jurisdicional, não é relevante.

26. "ao contrário do que sucede no direito civil, em que a transação tanto previne como termina litígio, nos domínios do direito tributário só se admite transação terminativa. Há de existir litígio para que as partes, compondo seus mútuos interesses, transijam. Agora, divergem os autores a propósito das proposições semânticas do vocábulo litígio. Querem alguns que se trate de conflitos de interesses deduzidos judicialmente, ao passo que outros estendem a acepção a ponto de abranger as controvérsias meramente administrativas. Em tese, concordamos com a segunda alternativa. O legislador do código não primou pela rigorosa observância das expressões técnicas, e não vemos por que o entendimento mais largo viria em detrimento do instituto ou da racionalidade do sistema." (CARVALHO, Paulo de Barros. *Direito tributário, linguagem e método*. São Paulo: Noeses. 4ª ed., 2011, p. 562.)

administração tributária, tem como correspondente a espécie denominada transação na cobrança.[27]

Essa identificação entre categorias processuais tributárias e as espécies de transação, idealizada por Paulo Cesar Conrado, facilita uma compreensão mais rigorosa do fenômeno jurídico, na medida em que explicita o sentido de termos legais imprecisos:

> Conflitos exacionais são os articulados por iniciativa do Fisco, encontrando seu referencial no inadimplemento da obrigação tributária. (...) É dessa espécie de conflito que trata(ria) a transação designável como exacional, na Lei n. 13.988/2020, chamada de "transação na cobrança". Entendamo-la, portanto e antes de tudo, como instrumento alternativo à jurisdição que seria exercida via execução fiscal. Conflitos antiexacionais, dando-se um giro, são os articulados por iniciativa do contribuinte, servindo para pôr em xeque a exigibilidade, posta ou pressuposta, da obrigação tributária. (...) É isso que o contribuinte busca quando aciona o exercício da jurisdição, aí residindo, por correspondência, o objeto da transação que chamaríamos de antiexacional, na Lei n. 13.988/2020 designada de "transação no contencioso". Tanto quanto a transação na cobrança oficia como instrumento alternativo à jurisdição executiva (exacional), a transação no contencioso opera como meio alternativo à jurisdição que seria praticada em demandas antiexacionais, sendo essa figura o especial objeto deste trabalho.[28]

---

27. "Por envolver uma obrigação necessariamente integrada pelos sujeitos antes mencionados, o processo tributário seria identificável ora como exacional, ora como antiexacional. Auxilia-nos na tarefa de defini-lo de um ou de outro desses modos a regra da inércia, figura de que se ocupam os arts. 2º e 262 do Código de Processo Civil, mais a da legitimidade ordinária, prescrita no art. 6º do mesmo estatuto. Segundo a primeira das regras, a relação processual (e, consequentemente, a própria atividade jurisdicional) é deflagrada mediante provocação; de acordo com a outra, a provocação de que se fala caberia, de ordinário, a um dos sujeitos integrantes da relação de fundo – Fisco e contribuinte, fundamentalmente. Processos iniciados pelo Estado-fisco seriam os exacionais; os iniciados pelo contribuinte, antiexacionais." (CONRADO, Paulo Cesar. *Processo judicial tributário*. São Paulo: Método, 2014, p. 27.)

28. CONRADO, Paulo Cesar. Transação antiexacional (contencioso) e sua possível incidência sobre a tese jurídica de fundo. In: CONRADO, Paulo Cesar; e ARAÚJO, Juliana Furtado Costa (coordenadores). *Transação Tributária na Prática da Lei nº 13.988/2020*. São Paulo: Thomson Reuters Revista dos Tribunais, 2020, e-book (não paginado).

A transação antiexacional, além de obrigações questionadas judicialmente, pode abarcar as que se encontrem em disputa administrativa. Nessa hipótese, o processo de positivação do direito[29] ainda não atingiu a etapa de inscrição na dívida ativa. Cabe à Receita Federal do Brasil (RFB), por isso, regulamentar o instituto, como foi materializado na Portaria RFB nº 247/2022.

A transação do tipo exacional, por ser alternativa à jurisdição executiva, limita-se aos créditos inscritos na dívida ativa[30] sob administração da Procuradoria Geral da Fazenda Nacional (PGFN). O papel de regulador, assim, foi desempenhado por esse órgão na Portaria PGFN nº 6.757/2022.

A legislação, utilizando como critério a generalidade da propost,[31] denominou as modalidades da transação

---

29. "Na hierarquia do direito posto, há forte tendência de que as normas gerais e abstratas se concentrem nos escalões mais altos, surgindo as gerais e concretas, individuais e abstratas e individuais e concretas à medida que o direito vai se positivando, com vistas à regulação efetiva das condutas interpessoais. Caracteriza-se o processo de positivação exatamente por esse avanço em direção aos comportamentos das pessoas. As normas gerais e abstratas, dada sua generalidade e posta sua abstração, não têm condições efetivas de atuar num caso materialmente definido. Ao projetar-se em direção à região das interações sociais, desencadeiam uma continuidade de regras que progridem para atingir o caso especificado. E nessa sucessão de normas, baixando incisivamente para o plano das condutas efetivas, que chamamos "processo de positivação do direito", entre duas unidades estará sempre o ser humano praticando aqueles fatos conhecidos como fontes de produção normativa. Vale repetir que é o homem que movimenta as estruturas do direito, sacando de normas gerais e abstratas outras gerais e abstratas, gerais e concretas, individuais e abstratas e individuais e concretas, para disciplinar juridicamente os comportamentos intersubjetivos." (CARVALHO, Paulo de Barro. *Direito tributário:* fundamentos jurídicos da incidência. 9ª ed., São Paulo: Saraiva, 2012, p. 58-59)

30. Lei nº 13.988/2020
Art. 11. (...)
§2º É vedada a transação que: (...)
IV - envolva créditos não inscritos em dívida ativa da União, exceto aqueles sob responsabilidade da Procuradoria-Geral da União ou em contencioso administrativo fiscal de que trata o art. 10-A desta Lei.

31. "Da leitura da atual redação desse artigo, constata-se que o legislador adotou, como critério classificatório para identificar as modalidades de transação, o grau de

como "individual" ou "por adesão", vinculada, nos termos da lei, à resolução de um litígio judicial ou administrativo.

Em qualquer delas, a resposta ao estado de conflituosidade levará em consideração a situação particular do sujeito passivo. Mesmo na transação por adesão, cujas condições de liquidação são previamente delimitadas no edital, particularidades do caso concreto são relevantes para determinar os benefícios outorgados, especialmente em relação à isonomia e capacidade de pagamento do interessado.[32]

Pode-se afirmar, nesse sentido, que também a transação por adesão é marcada pela individualidade, fato que a diferencia, aliás, dos parcelamentos especiais na visão explanada oficialmente pela Receita Federal do Brasil.[33]

---

generalidade da proposta, distinguindo-as em transação: (i) por proposta individual (customizada) ou (ii) por adesão (genérica)" (VERGUEIRO. Camila Campos. CPC/2015, regulamentação da transação e suas modalidades In: CONRADO, Paulo Cesar; e ARAÚJO, Juliana Furtado Costa (coordenadores). *Transação Tributária na Prática da Lei nº 13.988/2020*. São Paulo: Thomson Reuters Revista dos Tribunais, 2020, e-book (não paginado).

32. Portaria Normativa MF nº 1584/2023
Art. 2º. São princípios aplicáveis à transação por adesão no contencioso tributário de relevante e disseminada controvérsia jurídica e de pequeno valor:
(...)
II - concorrência leal entre os contribuintes;
(...)
IV - isonomia e capacidade contributiva;
(...)
VII - isonomia tributária; e

33. "Qual a diferença da transação para um parcelamento especial? Resposta: Os acordos de transação tributária são formas de resolução dos processos tributários em julgamento. Esses acordos levam em consideração particularidades e a situação econômica dos contribuintes ou da própria dívida. O acordo pode abranger diversas concessões, inclusive descontos, prazos e formas de pagamento especiais. O parcelamento "normal", por sua vez, não prevê a possibilidade de obter descontos ou abatimentos sobre o valor devido. A dívida é simplesmente dividida em parcelas. Já o parcelamento especial é um benefício que admite a redução dos encargos legais (multa e juros) da dívida tributária. Entretanto, não leva em consideração a situação financeira do devedor." (disponível em: https://www.gov.br/receitafederal/pt-br/acesso-a-informacao/perguntas-frequentes/transacao-tributaria/transacao-tributaria/diferenca)

Rigorosamente, portanto, podemos assentir que a transação por adesão é "individual" ao calibrar o regime de benefícios em função dos mesmos fatores de discriminação previstos na lei para a modalidade individualizada – como a condição econômica do contribuinte, suficiência e liquidez das garantias, histórico de parcelamentos dos débitos ou o período em cobrança, mas, ao mesmo tempo, é genérica ao predeterminar, no edital, os possíveis planos de amortização, aos quais o interessado somente deve aderir.

Os planos de regularização possibilitados no edital, porque têm a pretensão de abrangência, não servirão a todas as situações e contribuintes. O edital, de fato, não dará conta de viabilizar uma forma de pagamento exequível para quaisquer casos, circunstância na qual a transação individual será indicada.

A modalidade individual é marcada por um processo de negociação direta e pessoal com o propósito de chegar a uma solução ótima para o caso concreto. A liberdade e discricionariedade para construção de um plano de quitação "sob medida" é muito ampla e ocorre dentro de limites legais bastante largos.

Em um contexto de Estado de Direito, entretanto, todo exercício de poder decisório é acompanhado de um dever de fundamentação proporcional. Esse espaço para a tomada de decisões, inédito na perspectiva da autoridade administrativa fiscal, precisa ser exercido com um nível de responsabilidade equivalente.

Se o termo de transação é ato administrativo negocial[34] – manifestação de poder estatal que se dispõe a substituir a jurisdição como um método mais democrático de resolução de conflito – o dever de fundamentação da autoridade administrativa deve ser encarado com a devida importância.

---

34. A natureza jurídica do termo de transação é tratada em tópico específico deste trabalho.

Assim, não é irrestrita a liberdade do agente público na transação individual, como não o é em nenhuma função administrativa.[35] O espectro legal de possibilidades que ela abarca, conquanto seja amplo, deve ser compatibilizado com as exigências do regime jurídico-administrativo, principalmente o dever de isonomia no tratamento entre os particulares.

Pode-se dizer, nesse sentido, que a transação individual se aproxima da modalidade "por adesão" na medida em que – além de se sujeitarem aos mesmos fatores legais de discriminação – as soluções individualmente construídas devem aderir aos padrões decisórios observados em casos similares, limitando-se a margem de customização inicialmente viabilizada pela lei.[36]

Não há, assim, uma barreira intransponível entre as modalidades de transação. Elas se integram e se conectam,[37]

---

35. "Estes caracteres, que sem dúvida informam a atuação administrativa, de modo algum autorizariam a supor que a Administração Pública, escudada na supremacia do interesse público sobre o interesse privado, pode expressar tais prerrogativas com a mesma autonomia e liberdade com que os particulares exercitam seus direitos. É que a Administração exerce função: a função administrativa. Existe função quando alguém está investido no dever de satisfazer dadas finalidades em prol do interesse de outrem, necessitando, para tanto, manejar os poderes requeridos para supri-las. Logo, tais poderes são instrumentais ao alcance das sobreditas finalidades. Sem eles, o sujeito investido na função não teria como desincumbir-se do dever posto a seu cargo. Donde quem os titulariza maneja, na verdade, "deveres-poderes", no interesse alheio. Quem exerce "função administrativa" está adscrito a satisfazer interesses públicos, ou seja, interesses de outrem: a coletividade. Por isso, o uso das prerrogativas da Administração é legítimo se, quando e na medida indispensável ao atendimento dos interesses públicos; vale dizer, do povo, porquanto nos Estados Democráticos o poder emana do povo e em seu proveito terá de ser exercido." (BANDEIRA DE MELLO, Celso Antônio. *Curso de direito administrativo*. 32ª ed. São Paulo: Malheiros, 2015, p.72.)

36. Interessante registrar que a Lei nº 14.689/2023, recentemente publicada, representa um movimento legislativo de aproximação entre a transação individual e por adesão ao permitir que o edital disponha sobre a seleção de débitos que integrarão o plano de pagamento, sem necessariamente obrigar a inclusão de todos aqueles que digam respeito à mesma tese jurídica, bem como majorou os limites de descontos e prestações da transação por adesão para equipará-los àqueles permitidos à modalidade individual.

37. Portaria PGFN nº 6.757/2022

como partes de um mesmo sistema – o que de fato são. A generalidade é da estrutura teórica da transação por adesão. A modalidade individual se faz generalizável gradativamente a partir da prática.

O edital confere maior densidade à legislação e limita as opções administrativas a parâmetros menos genéricos. Serve como intermediário entre o acordo concreto e a legislação abstrata. É uma figura que reduz a complexidade da negociação com o propósito de permitir a ampliação do alcance da solução consensual a respeito do tema eleito.

Os termos de transação individual também restringem as escolhas da administração. Como decorrência do dever isonomia, limitam o espaço de negociação a partir das soluções firmadas nos casos precedentes. Esse é o assunto que abre o próximo capítulo.

Art. 53. Nas propostas de transação individual formuladas nos termos do art. 46, é lícito ao contribuinte transacionar nas mesmas condições das modalidades de transação por adesão existentes na data do pedido, devendo a unidade responsável, quando for o caso, cadastrar as referidas contas de negociação, salvo se a adesão puder ser integralmente realizada pelo REGULARIZE.

3. CONTROLE ADMINISTRATIVO DA TRANSAÇÃO TRIBUTÁRIA INDIVIDUAL

3.1 Termo de transação individual como precedente administrativo

É da natureza da transação tributária, em qualquer espécie, que a composição do débito considere a situação particular de cada contribuinte. Na modalidade individual, caracterizada pela negociação pessoal e direta, o espaço de liberdade para a customização de um plano de equacionamento do passivo é altamente potencializado.

Tantos "planos de pagamento" se encaixam na moldura legal que o estrito cumprimento da lei, no contexto da transação individual, pode facilmente se converter em desculpa para arbitrariedade. O equilíbrio entre o dever de isonomia positivado[38] e a liberdade e flexibilidade inerentes à dinâmica negocial é um desafio novo.

---

38. Lei nº 13.988/2020
Art. 1º. (...) § 2º Para fins de aplicação e regulamentação desta Lei, serão observados, entre outros, os princípios da isonomia, da capacidade contributiva, da transparência, da moralidade, da razoável duração dos processos e da eficiência e, resguardadas as informações protegidas por sigilo, o princípio da publicidade.

De um lado, confere-se à Administração Tributária margem larga de discricionariedade para estabelecer uma solução para a situação litigiosa. De outro, cada acordo individual formalizado, mais do que pacificação de um conflito posto, representa a concretização da intepretação administrativa acerca da aplicabilidade de uma norma jurídica geral em um dado contexto.

O sistema jurídico, assim, assimila a solução da situação concreta, que vincula o contribuinte parte do acordo, e a norma geral construída a partir do caso particular, que passa a obrigar a administração tributária.

A "norma do caso concreto", portanto, não é precedente administrativo no sentido aqui empregado. Ela fala do passado, diz sobre um acordo concretizado no tempo e espaço e, ainda que projete efeitos para o futuro, particulariza os sujeitos da relação jurídica no mundo do ser, circunscrevendo-se ao "contribuinte como elemento", e não enquanto classe.

O termo de transação, entretanto, carrega também uma mensagem para os casos posteriores. Esse é o precedente administrativo. É a norma geral que informa que, presentes os mesmos elementos relevantes, um dado tratamento administrativo deve ser esperado.

O precedente administrativo, assim, é fruto do exercício da discricionariedade. Ele decorre de uma escolha administrativa adotada em um caso particular, mas passa a ter aplicação cogente para situações semelhantes. O conjunto das opções interpretativas formalizadas ao longo do tempo, construídos a partir dos casos individuais terá força normativa diante do dever de isonomia:

> O precedente administrativo pode ser conceituado como a norma jurídica retirada de decisão administrativa anterior, válida e de acordo com o interesse público, que, após decidir determinado caso concreto, deve ser observada em casos futuros e

> semelhantes pela Administração Pública. O precedente administrativo pode surgir da prática reiterada e uniforme de atos administrativos em situações similares.[39]

Restringe-se, com isso, o âmbito de discricionariedade administrativa, conforme lição de Maria Rita Gradilone Sampaio Lunardelli e Paulo Cesar Conrado, que, embora tratando da transação do contencioso, é perfeitamente aplicável à modalidade individual na cobrança:

> Mais ainda: a cada pedido deferido, com a consequente formalização do instrumento individual e concreto de transação, o sistema passa a contar com novel mensagem – a de que, dadas as condições apresentadas pelo contribuinte beneficiado, de fato é possível a formalização de transação, o que faz imperativa a outorga do mesmo tratamento a quem ostentar as mesmas condições.
>
> Nesse momento, pelo que se nota, a discricionariedade predecessora perde espaço, muito embora estivesse francamente presente – sempre contornada, evidentemente, pelos critérios de que tratamos – na etapa de definição da tese subjacente ao potencial edital.[40]

O âmbito de liberdade confiado pelo instituto da transação, por conseguinte, não é espaço para a positivação clandestina de decisões oriundas de um capricho arbitrário.[41] A atuação do Poder Público em um Estado de Direito,

---

39. OLIVEIRA, Rafael Carvalho Rezende. Precedentes no direito administrativo. Rio de Janeiro: Forense 2018, p. 95.

40. LUNARDELLI, Maria Rita Gradilone Sampaio; CONRADO, Paulo Cesar. Discricionariedade e transação no contencioso. In: CONRADO, Paulo Cesar; e ARAÚJO, Juliana Furtado Costa (coordenadores). *Transação tributária na prática da Lei nº 13.988/2020*. São Paulo: Thomson Reuters Revista dos Tribunais, 2020, p.404.

41. "Nos Estados de Direito como o nosso, a Administração Pública deve obediência à lei em todas as suas manifestações. Até mesmo nas chamadas atividades discricionárias o administrador público fica sujeito às prescrições legais quanto a competência, finalidade e forma, só se movendo com liberdade na estreita faixa da conveniência e oportunidade administrativas. O poder administrativo concedido à autoridade pública tem limites certos e forma legal de utilização. Não é carta branca para arbítrios, violências, perseguições ou favoritismos governamentais. Qualquer ato de autoridade, para ser irrepreensível, deve conformar-se com a lei, com a

ao contrário, deve ser coerente, tornando norma jurídica o padrão decisório estabelecido.[42]

A proteção da confiança depositada pelos particulares na correção, continuidade e padronização da atuação do poder público é da essência de um Estado de Direito.[43] A expectativa que o contribuinte legitimamente nutre – de que será tratado como o foram os outros em semelhante posição – representa a expressão concreta da crença em um "Estado da segurança jurídica"[44] que se projeta para

---

moral da instituição e com o interesse público." (MEIRELLES, Hely Lopes. *Direito administrativo brasileiro*. 42ª ed. Atualizada por Emmanuel Burle Filho. São Paulo: Malheiros, 2016. p. 120.)

42. "a partir da ideia de que a juridicidade da ação administrativa não depende apenas do respeito ao princípio da legalidade, mas, também, dos demais princípios constitucionais, expressos e implícitos, verifica-se que a ação estatal deve ser pautada, por exemplo, pela efetividade da segurança jurídica, da boa-fé, da proteção da confiança legítima, da igualdade, entre outros princípios, demonstrando a necessidade de coerência na atuação da Administração, o que pode ser garantido a partir do respeito aos próprios precedentes." (OLIVEIRA, Rafael Carvalho Rezende. *Precedentes no direito administrativo*. Rio de Janeiro: Forense 2018, p. 97.)

43. "Há hoje pleno reconhecimento de que a noção de Estado de Direito apresenta duas faces. Pode ela ser apreciada sob o aspecto material ou sob o ângulo formal. No primeiro sentido, elementos estruturantes do Estado de Direito são as ideias de justiça e de segurança jurídica. No outro, o conceito de Estado de Direito compreende vários componentes, dentre os quais têm importância especial: a) a existência de um sistema de direitos e garantias fundamentais; b) a divisão das funções do Estado, de modo que haja razoável equilíbrio e harmonia entre elas, bem como entre os órgãos que as exercitam, a fim de que o poder estatal seja limitado e contido por "freios e contrapesos" (checks and balances); c) a legalidade da Administração Pública e, d) a proteção da boa-fé ou da confiança (Vertrauensschutz) que os administrados têm na ação do Estado, quanto à sua correção e conformidade com as leis" (SILVA, Almiro do Couto e. Princípios da legalidade da Administração Pública e de segurança jurídica no Estado de Direito contemporâneo, in: *Revista da Procuradoria-Geral do Estado do Rio Grande do Sul*, Porto Alegre, v. 18, n. 46, p. 11-29, jun. 1988, p. 11. Disponível em: https://bdjur.stj.jus.br/jspui/bitstream/2011/132335/principios_legalidade_administracao_silva_RPGE_1988.pdf)

44. "Certo é que havendo, ou não, menção expressa a um direito à segurança jurídica, de há muito, pelo menos no âmbito do pensamento constitucional contemporâneo, se enraizou a ideia de que um autêntico Estado de Direito é sempre também – pelo menos em princípio e num certo sentido – um Estado da segurança jurídica, já que, do contrário, também o "governo das leis" (até pelo fato de serem expressão da vontade política de um grupo) poderá resultar em despotismo e toda a sorte de iniquidades. Com efeito, a doutrina constitucional contemporânea, de há muito e sem

a transação e, como tal, é constitucionalmente protegida e merecedora de tutela:

> Como bem destaca Gomes Canotilho, em lição que aqui recolhemos como pressuposto da nossa análise, o princípio da segurança jurídica (aqui também tomando em sentido amplo como abrangendo a proteção da confiança) exige tanto a confiabilidade, clareza, racionalidade e transparência dos atos do poder público, quanto a segurança do cidadão no que diz com suas disposições pessoais e efeitos jurídicos dos próprios atos, de tal sorte que tanto a segurança jurídica quanto a proteção a confiança incidem em face de qualquer ato de qualquer órgão estatal. A segurança jurídica, na sua dimensão objetiva, exige um patamar mínimo de continuidade do (e, no nosso sentir, no) Direito, ao passo que, na perspectiva subjetiva, significa proteção da confiança do cidadão nesta continuidade da ordem jurídica no sentido de uma segurança individual das suas próprias posições jurídicas. (...) De qualquer modo, ainda no que diz com a proteção da confiança, esta atua como importante elemento para aferição da legitimidade constitucional de leis e atos de cunho retroativo, até mesmo pelo fato de que a irretroatividade de determinados atos do poder público encontra o seu fundamento justamente na necessidade de proteger a confiança do cidadão na estabilidade de suas posições jurídicas e do próprio ordenamento, o que tem levado ao reconhecimento, para além da salvaguarda dos direitos adquiridos, até mesmo de um certo grau de proteção das assim denominadas expectativas de direitos, assim como da necessidade de estabelecer regras de transição razoáveis, nos casos de alteração de determinados regimes jurídicos.[45]

---

maior controvérsia no que diz com esse ponto, tem considerado a segurança jurídica como valor inarredável do Estado de Direito, de tal sorte que a segurança jurídica passou a ter o status de subprincípio concretizador do princípio fundamental e estruturante do Estado de Direito. Assim, para além de assumir a condição de direito fundamental da pessoa humana, a segurança jurídica constitui simultaneamente princípio fundamental da ordem jurídica estatal e, para além desta, da própria ordem jurídica internacional." (SARLET, Ingo Wolfgang. A eficácia do direito fundamental à segurança jurídica: dignidade da pessoa humana, direitos fundamentais e proibição de retrocesso social no direito constitucional brasileiro. In: revista eletrônica de Direito do Estado (REDE), Salvador, Instituo de Direito Público, nº 32, outubro/novembro/dezembro de 2012, p. 4-5. Disponível em: http://www.direitodoestado.com.br/codrevista.asp?cod=629)

45. SARLET, Ingo Wolfgang. A eficácia do direito fundamental à segurança jurídica: dignidade da pessoa humana, direitos fundamentais e proibição de retrocesso social no direito constitucional brasileiro. In: revista eletrônica de Direito do Estado

Deve a Administração Tributária, então, zelar pela igualdade entre contribuintes que busquem o caminho da transação, observando, quando aplicável, as ponderações, interpretações e avaliações empreendidas na prática administrativa em uma autovinculação involuntariamente imposta em função de decisões adotadas no tempo.[46]

A força vinculativa dos precedentes administrativos, entretanto, pressupõe a identidade entre os casos. Subjetivamente, a norma paradigmática deve provir da mesma entidade administrativa, isto é, ter sido construída a partir de termo de transação firmado na esfera federal. Objetivamente, é preciso que haja semelhança fática e jurídica entre a situação concreta e aquela retratada no precedente.

O contribuinte inteligente, assim, ao formular a proposta de transação individual, não apenas fornecerá os esclarecimentos necessários à aferição da própria capacidade de pagamento, como exige a lei,[47] mas já proporá um plano de

---

(REDE), Salvador, Instituto de Direito Público, nº 32, outubro/novembro/dezembro de 2012, p. 9-10. Disponível em: http://www.direitodoestado.com.br/codrevista.asp?cod=629

46. "1) Classificação quanto à estrutura: a) autovinculação relacional: trata-se da autovinculação que decorre dos atos administrativos normativos e da prática administrativa, exigindo-se tratamento idêntico entre casos semelhantes, em razão do princípio da igualdade; (...) 2) Classificação quanto ao tempo e ao espaço: 2.a) autovinculação horizontal: ocorre a partir de atos administrativos editados em processos e momentos distintos; (...) 1) autovinculação involuntária (ou não intencional): a Administração encontra-se vinculada aos seus precedentes, ou seja, ao escolher uma decisão entre as possíveis no exercício da competência discricionária, deve-se considerar vinculada à referida decisão em casos análogos, mantendo o seu padrão decisório;" (OLIVEIRA, Rafael Carvalho Rezende. *Precedentes no direito administrativo.* Rio de Janeiro: Forense 2018, p. 103.)

47. Portaria PGFN nº 6757/2022
Art. 5º Sem prejuízo dos demais compromissos exigidos em Edital ou na proposta individual, em quaisquer das modalidades de transação de que trata esta Portaria, o devedor obriga-se a: (...)
VIII - declarar, quando a transação envolver a capacidade de pagamento, que as informações cadastrais, patrimoniais e econômico-fiscais prestadas à administração tributária são verdadeiras e que não omitiu informações quanto à propriedade de bens, direitos e valores; (...)
Art. 22. Para mensuração da capacidade de pagamento dos sujeitos passivos, além

quitação estruturado com base no entendimento expressado pela administração tributária federal em casos similares:

> É evidente que o princípio da isonomia atua como uma espécie de limitador do juízo de oportunidade e conveniência, uma vez que irá reforçar ou dificultar a realização de autocomposições em situações futuras. Ora, como a própria legislação impõe a divulgação de todos os termos das transações celebradas, será bastante provável que o contribuinte possa se utilizar de uma transação anterior como paradigma para requerer que os mesmos termos que sejam apresentados em situação posterior, com base na própria isonomia garantida pela legislação. (...) Assim, na esfera tributária, a exigência de isonomia na realização dos acordos é ainda maior, pois de um compromisso com uma empresa do mesmo setor econômico que suas concorrentes, que não o obtiveram, pode gerar uma alteração no ambiente de livre mercado. É relevante que se desenhe cuidadosamente os requisitos prévios e abstratos para submissão à transação por adesão e para as propostas individuais, pois o desenvolvimento prático e a repetição das convenções limitarão o juízo de conveniência e oportunidade para casos futuros e semelhantes.[48]

Adequadamente demonstrada a identidade fático-jurídica do caso a um termo precedente, a administração deverá conferir ao contribuinte o mesmo tratamento adotado no caso similar, inclusive quanto aos benefícios outorgados, pois o poder discricionário não permite tratamento discriminatório injustificado:

> É, portanto, para dar efetividade a esses imperativos do Estado democrático de Direito que a Teoria das Autolimitações Administrativas foi construída, englobando em seu âmbito instrumentos de proteção dos cidadãos frente ao poder estatal, como as subteorias do respeito aos atos próprios da Administração e dos precedentes administrativos, ambas expressões também dos

---

das informações prestadas à Administração Tributária Federal e demais órgãos da Administração Pública, poderão ser consideradas informações prestadas no momento da adesão e durante a vigência do acordo.

48. AVELINO, Murilo Teixeira; PEIXOTO, Ravi. *Consensualidade e poder público*. 2ª ed. Salvador: JusPodivm, 2022, p. 137-138.

> princípios da igualdade e da boa-fé no Direito da Administração Pública (art. 2º, caput e IV, Lei nº 9.784/99). Com efeito, «como projeção do princípio da igualdade se tem considerado o princípio que proíbe ir contra os próprios atos. Se o que aquele comporta é um igual tratamento de situações iguais, é inquestionável que, havendo atuado a Administração, diante de uma situação, em determinado sentido, não lhe será lícito fazê-lo de outra forma, diante da mesma situação.[49]

Essa demonstração de similitude, principalmente sob o aspecto objetivo, pode não ser tarefa de fácil comprovação. Isso porque, na realidade prática, não é incomum que os termos de transação individual não justifiquem com clareza as razões determinantes para a outorga de benefícios.

Traçando um paralelo com a teoria dos precedentes judiciais,[50] é como se a *ratio decidendi* na transação – entendida como os fatos materiais que sustentam o modo como constituído o acordo[51] – estivesse muitas vezes oculta,

---

49. ARAGÃO, Alexandre Santos de. Teoria das autolimitações administrativas: atos próprios, confiança legítima e contradição entre órgãos administrativos. *Revista de Doutrina da 4ª Região*, n. 35, abr. 2010, P.2. Disponível em: https://bdjur.stj.jus.br/jspui/bitstream/2011/34707/Teoria_autolimita%C3%A7%C3%B5es_administrativas_aragao.pdf

50. "Os «precedentes» são resoluções em que a mesma questão jurídica, sobre a qual há que decidir novamente, foi já resolvida uma vez por um tribunal noutro caso. Vale como precedente, não a resolução do caso concreto que adquiriu força jurídica, mas só a resposta dada pelo tribunal, no quadro da fundamentação da sentença, a uma questão jurídica que se põe da mesma maneira no caso a resolver agora." (LARENZ, Karl. Metodologia da ciência do direito. 3' ed. José Lamego (trad.). Lisboa: Fundação Calouste Gulbenkian, 1997, p. 611).

51. "Surge, então, o método de Goodhart, que dá grande ênfase e atenção aos fatos subjacentes à causa. Sustenta que a definição da ratio decidendi pressupõe que se identifiquem e se separem os fatos materiais ou fundamentais, bem assim a decisão neles embasada. Assim, a *ratio decidendi* (ou "principie of a case", nas suas palavras), não se encontra nas razões ou opinião do julgador, mas na análise dos fatos destacados e considerados como importantes na causa e na decisão que neles se funda. Assim, o método de Goodhart prestigia a necessidade de que sejam dadas decisões afinadas para casos semelhantes, cuja base fática se aproxime. Se a base fática fundamental for a mesma, o precedente vincula, se não for a mesma (com fatos materiais a mais ou a menos), não vincula". (DIDIER JR., Fredie; BRAGA, Paula Sarno; OLIVEIRA, Rafael Alexandria de. *Curso de direito processual civil.* 10. ed. Salvador: JusPodivm, 2015. v. 2, p. 449).

publicando-se apenas os dispositivos da decisão administrativa. Essa realidade, frequentemente, obscurece a visão do contribuinte sobre qual seria a "jurisprudência administrativa" aplicável.

É difícil identificar, com precisão, os motivos que contribuem para esse fenômeno, mas a experiencia prática revela algumas pistas interessantes. É que a transação individual é desenhada para equacionar um passivo determinado, e não pacificar uma tese jurídica abstrata, função mais atribuída à transação no contencioso de relevante e disseminada controvérsia, como explica Paulo Cesar Conrado:

> Se pensarmos que a transação de que falamos supõe mais do que singela existência de demanda antiexacional - exigindo a detecção de controvérsia jurídica de alto valor, indefinida no plano jurisdicional (administrativo ou judicial) e amplamente difundida –, poder-se-ia entendê-la, a transação no contencioso, como instrumento resolutório da própria tese, com a possível resolução, por consequência, das demandas que, encaixadas no mesmo arquétipo, sejam alvo da adesão dos respectivos contribuintes-autores.[52]

Solucionar a situação fiscal de um contribuinte específico, portanto, é o objetivo primordial e o motor de toda dinâmica negocial na transação individual. É com essa finalidade que advogados e procuradores, através da negociação, constroem um plano de pagamento factível, adequado à capacidade de pagamento e à situação particular daquele interessado.

Com toda a energia voltada a solucionar o problema concreto, perde-se, naturalmente, a dimensão mais ampla da transação individual, que não é vista como parte

---

52. CONRADO, Paulo Cesar. Transação antiexacional (contencioso) e sua possível incidência sobre a tese jurídica de fundo in CONRADO, Paulo Cesar; e ARAÚJO, Juliana Furtado Costa (coordenadores). *Transação tributária na prática da Lei nº 13.988/2020*. São Paulo: Thomson Reuters Revista dos Tribunais, 2020, p.290.

integrante de uma prática administrativa geral, que envolve outros casos.

Quando, após todo processo negocial, chega-se um acordo, não há grande preocupação em registrar no papel, no termo de transação, as razões pelas quais, entre tantos benefícios validamente possíveis, foram outorgados aqueles, e não quaisquer outros.

Adicionalmente, o detalhamento dos motivos que conduziram à concessão de benefícios possivelmente não é de interesse do contribuinte. Ele certamente preferirá não ver sua condição financeira exposta e, movido por essa intenção, poderá suscitar questionamentos quanto ao sigilo fiscal.

O desejo das partes em formalizar o negócio com a maior brevidade possível, ainda, faz parecer menos importante uma fundamentação detalhada, cuja necessidade alongaria a conclusão da transação individual e poderia levantar novos debates.

A autoridade administrativa, igualmente, pode reputar estrategicamente desinteressante detalhar as razões pelas quais determinado tratamento foi concedido. Uma justificação pormenorizada, nesse âmbito de visão, vincularia a Administração aos motivos determinantes expostos, reduzindo a margem do mérito administrativo[53] e facilitando o controle judicial da discricionaridade.[54]

---

53. "A margem livre sobre a qual incide a escolha inerente à discricionariedade corresponde à noção de mérito administrativo. O mérito administrativo expressa o juízo de conveniência e oportunidade da escolha, no atendimento do interesse público, juízo esse efetuado pela autoridade à qual se conferiu o poder discricionário." (MEDAUAR, Odete. Direito Administrativo Moderno. 21. ed. Belo Horizonte: Fórum, 2018, p. 106).

54. "Com o passar dos tempos, inúmeras teorias foram sendo elaboradas para justificar a extensão do controle judicial sobre aspectos antes considerados como abrangidos pelo conceito de mérito. A teoria do desvio de poder permitiu o exame da finalidade do ato, inclusive sob o aspecto do atendimento do interesse público; a teoria dos motivos determinantes permitiu o exame dos fatos ou motivos que levaram à prática do ato; a teoria dos conceitos jurídicos indeterminados e a sua

À primeira vista, portanto, uma fundamentação deficiente satisfaz a todos envolvidos, já que, com menor trabalho, não impede que o acordo seja fechado e o litígio encerrado. Ao mesmo tempo, a autoridade administrativa não se vincula ao que não diz e o contribuinte, na ausência de uma motivação detalhada, tem preservada sua intimidade.

Essa visão, contudo, além de desconsiderar que a justificação adequada não é uma faculdade, ignora problemas futuros que a ausência de fundamentação pode trazer. Isso porque, eventualmente, outro contribuinte bem orientado pleiteará o mesmo tratamento contido em uma transação individual já celebrada.

E, se essa transação paradigmática não estiver ancorada em premissas claras, será muito árduo o trabalho da autoridade administrativa de, cotejando os casos, analisar o pedido e, porventura, rejeitá-lo, desempenhando o encargo de decidir motivadamente, o que lhe cabe frente a um pleito fundamentado.

Desse modo, embora a falta de atenção com a fundamentação na transação individual aparente não trazer graves problemas em um primeiro momento, pode, no futuro, ser fonte de grandes litígios. A autoridade administrativa que não se ocupar de motivar encontrará dificuldade de se desincumbir do ônus de apontar a diferença juridicamente relevante entre as situações[55] e, por isso, poderá ser cons-

---

aceitação como conceitos jurídicos permitiu que o Judiciário passasse a examiná-los e a entrar em aspectos que também eram considerados de mérito; a chamada constitucionalização dos princípios da Administração também veio limitar a discricionariedade administrativa e possibilitar a ampliação do controle judicial sobre os atos discricionários; (DI PIETRO, Maria Sylvia Zanella. *Direito administrativo*. 33ª ed. Rio de Janeiro: Forense, 2020, p.498).

55. "Parece bem observar que não há duas situações tão iguais que não possam ser distinguidas, assim como não há duas situações tão distintas que não possuam algum denominador comum em função de que se possa parificá-las. É o que se colhe da lição de Hospers (apud Agustín Gordillo — *El Acto Administrativo*, Abeledo-Perrot, 2ª ed., 1969, p. 26). Por isso se observa que não é qualquer distinção entre as

trangida a conceder ao contribuinte o tratamento fundado em precedente administrativo, como percebeu Luis Claudio Ferreira Cantanhede:

> caberá ao devedor proponente demonstrar que há transação em parâmetros similares já celebrada com um concorrente seu, constrangendo, com isso, a autoridade competente a apreciar o pedido também por esta perspectiva, uma vez que, respeitadas as peculiaridades inerentes à transação paradigmática, estará, nesse aspecto, premida em sua discricionariedade pelo caso precedente referido na proposta. Com tal parâmetro redutor de discricionariedade, caso a autoridade fiscal não considere a questão e não se desincumba do ônus argumentativo que lhe é imposto para diferenciar as situações da transação concedida e da que está agora colocada sob seu escrutínio, por ocasião da fundamentação da decisão que indefira esta proposta de transação individual, abertas estarão as portas do judiciário para apreciação da legitimidade desse ato administrativo. (...) Isso impõe que, constando na proposta de transação individual por iniciativa do contribuinte a alusão a uma proposta de transação celebrada com seu concorrente com expressa definição dos parâmetros de aproximação dos casos e da reivindicação de proporcional tratamento isonômico, sob pena de nulidade da decisão administrativa por falta de adequada motivação, terá a autoridade competente o ônus de demonstrar especificamente em que pontos as situações não se equivalem para indeferir o pleito.[56]

---

situações que autoriza discriminar. Sobre existir alguma diferença importa que esta seja relevante para o discrimen que se quer introduzir legislativamente. Tal relevância se identifica segundo determinados critérios. De logo, importa, consoante salientado, que haja correlação lógica entre o critério desigualador e a desigualdade de tratamento. Contudo, ainda se requer mais, para lisura jurídica das desequiparações. Sobre existir nexo lógico, é mister que este retrate concretamente um bem — e não um desvalor — absorvido no sistema normativo constitucional." (BANDEIRA DE MELLO, Celso Antônio. *O conteúdo jurídico do princípio da igualdade.* 3ª ed., 8ª triagem. São Paulo: Malheiros, 1995, p.42.)

56. CANTANHEDE. Luis Claudio Ferreira. Transação tributária na dívida ativa – a isonomia como critério de restrição da discricionariedade na avaliação de propostas de transação individual. In: CONRADO, Paulo Cesar; e ARAÚJO, Juliana Furtado Costa (coordenadores). *Transação tributária na prática da Lei nº 13.988/2020.* São Paulo: Thomson Reuters Revista dos Tribunais, 2020, p.159.

Nada do que aqui foi escrito, registre-se, impede que a administração tributária altere suas interpretações ou adapte sua postura negocial a modificações no interesse público. Essas mudanças, no entanto, devem ser prospectivas e, idealmente, contar com especial publicidade, para que, não havendo frustração de expectativas legitimamente assumidas, fique claro a todos a nova orientação administrativa.[57]

De qualquer forma, encaradas como precedentes administrativos, as orientações gerais construídas a partir dos termos têm inegável valor jurídico e funcionam como limite à discricionariedade na transação individual. Assim, o cuidado com a adequada justificação aliado a uma atuação administrativa sistematicamente coerente assegurará a igualdade possível entre os contribuintes, consolidando um ambiente de confiança e fortalecendo o instrumento da transação individual como solução, e não causa de conflitos.

3.2 Mecanismos de controle positivados na legislação

3.2.1 Dever de transparência e sigilo fiscal

Qualquer manifestação do poder estatal deve ser transparente.[58] Não haveria, de outro modo, Estado que se

---

57. Decreto-lei nº 4.657/1942
Art. 23. A decisão administrativa, controladora ou judicial que estabelecer interpretação ou orientação nova sobre norma de conteúdo indeterminado, impondo novo dever ou novo condicionamento de direito, deverá prever regime de transição quando indispensável para que o novo dever ou condicionamento de direito seja cumprido de modo proporcional, equânime e eficiente e sem prejuízo aos interesses gerais.
Lei nº 9.784/99.
Art. 2º. (...) Parágrafo único. Nos processos administrativos serão observados, entre outros, os critérios de:
(...)
XIII - interpretação da norma administrativa da forma que melhor garanta o atendimento do fim público a que se dirige, vedada aplicação retroativa de nova interpretação.

58. "Transparência é um conceito abrangente que se concretiza pela publicidade, pela motivação e pela participação popular, garantindo a visibilidade, o acesso, o

pudesse afirmar republicano e democrático.[59] Essa é uma premissa estruturante do sistema constitucional vigente.[60]

Isso não significa que todas as informações em posse da administração pública devam ser objeto de imediata e irrefletida revelação. Para proteger o interesse público ou privado, o sistema jurídico comporta exceções:

> Na Constituição de 1988 a publicidade é a regra, mas há casos em que ela é restrita. Não se trata de sigilo, senão de restrição temporária à publicidade motivada pela imprescindibilidade da segurança do Estado ou da sociedade, pela exigência do interesse social e pela defesa da intimidade (arts. 5º, X, XII, XXXII, LX, e 37, da CF/1988), tutelando tanto o interesse público (eficiência, impessoalidade e moralidade da ação administrativa) quanto o particular (intimidade e privacidade).[61]

Essa tensão entre deveres constitucionais de transparência e proteção à intimidade é particularmente espinhosa

---

conhecimento das atividades administrativas e instrumentalizando a vigilância social e o controle institucional sobre a Administração Pública através dos demais princípios." (DI PIETRO, Maria Sylvia Zanella; MARTINS JUNIOR, Wallace Paiva. Tratado de direito administrativo, v. 1: *Teoria geral e princípios do direito administrativo.* São Paulo: Revista dos Tribunais, 2015, p. 422.)

59. "Um dos lugares-comuns de todos os velhos e novos discursos sobre a democracia consiste em afirmar que ela é o governo do 'poder visível'. Que pertença à 'natureza da democracia' o fato de que 'nada pode permanecer confinado no espaço do mistério' é uma frase que nos ocorre ler, com poucas variantes, todos os dias. Com um aparente jogo de palavras pode-se definir o governo da democracia como o governo do poder público em público." (BOBBIO, Norberto. O futuro da democracia--uma defesa das regras do jogo. tradução de Marco Aurélio Nogueira. 6ª ed. São Paulo: Editora Paz e Terra, 1997, p. 83-84. Disponível em: https://edisciplinas.usp.br/pluginfile.php/5551654/mod_resource/content/1/Boobio%2C%20Norberto%20O%20futuro%20da%20Democracia%20-%20uma%20defesa%20das%20regras%20do%20jogo.pdf)

60. Constituição Federal
Art. 1º A República Federativa do Brasil, formada pela união indissolúvel dos Estados e Municípios e do Distrito Federal, constitui-se em Estado Democrático de Direito e tem como fundamentos:

61. DI PIETRO, Maria Sylvia Zanella; MARTINS JUNIOR, Wallace Paiva. *Tratado de direito administrativo*, v. 1: Teoria geral e princípios do direito administrativo. São Paulo: Revista dos Tribunais, 2015, p. 440.

no ambiente da transação individual. Conciliar concretamente esses valores colidentes é um desafio.

A lei impõe a divulgação dos termos de transação "com informações que viabilizem o atendimento do princípio da isonomia" ao mesmo tempo em que resguarda o sigilo fiscal.[62] A mera publicização do conteúdo do acordo, portanto, não é suficiente. Ele precisa ser claro e as razões que determinaram o tratamento administrativo compreensíveis. Somente dessa maneira o controle é efetivamente possibilitado.

Acontece que informações abrigadas pelo sigilo fiscal[63] frequentemente serão a justificativa para a concessão de benefícios no plano de pagamento.[64] O dever de transparência da administração rivalizará com o direito à privacidade do contribuinte nesses casos. Um critério de conciliação racional e compatível com o sistema jurídico, portanto, precisa ser firmado.

Ao menos dois caminhos parecem possíveis. O primeiro reconhece o dever de transparência limitado pelo direito

---

62. Lei nº 13.988/2020
Art. 1 º (...) §3º A observância do princípio da transparência será efetivada, entre outras ações, pela divulgação em meio eletrônico de todos os termos de transação celebrados, com informações que viabilizem o atendimento do princípio da isonomia, resguardadas as legalmente protegidas por sigilo.

63. Portaria RFB nº 2344/2011
Art. 2º São protegidas por sigilo fiscal as informações sobre a situação econômica ou financeira do sujeito passivo ou de terceiros e sobre a natureza e o estado de seus negócios ou atividades, obtidas em razão do ofício para fins de arrecadação e fiscalização de tributos, inclusive aduaneiros, tais como:
I - as relativas a rendas, rendimentos, patrimônio, débitos, créditos, dívidas e movimentação financeira ou patrimonial;
I - as que revelem negócios, contratos, relacionamentos comerciais, fornecedores, clientes e volumes ou valores de compra e venda;
III - as relativas a projetos, processos industriais, fórmulas, composição e fatores de produção.

64. CTN
Art. 198. Sem prejuízo do disposto na legislação criminal, é vedada a divulgação, por parte da Fazenda Pública ou de seus servidores, de informação obtida em razão do ofício sobre a situação econômica ou financeira do sujeito passivo ou de terceiros e sobre a natureza e o estado de seus negócios ou atividades.

ao sigilo. O poder público deve divulgar as informações que possibilitem o controle da isonomia, mas apenas se não forem reservadas. Viabilizar-se-ia o controle unicamente a partir dos elementos que já são de conhecimento público ou que constem em bancos de dados de acesso aberto.

Essa interpretação das regras da transação, conquanto possível, acrescentaria pouco ao sistema jurídico. A transparência com o trato da coisa pública já é o padrão imposto pela Constituição Federal. A atuação administrativa, por injunção constitucional, deve ser fundamentada e as informações públicas que a justifiquem devidamente explicitadas.

Expor os pressupostos fáticos que alicerçam o termo de transação[65] – se não há sobre eles restrição legal de divulgação – é parte inerente do dever de motivação de qualquer ato administrativo.[66] A transparência positivada na lei da transação não traria nenhuma inovação a esse respeito.

Uma segunda compreensão pode ser aqui construída. A voluntariedade do regime de transação é tida como critério de harmonização que equilibra os valores fundamentais em

65. "Todo e qualquer ato administrativo, provenha de onde provier – Legislativo, Executivo ou Judiciário – tem requisitos para sua válida expedição. Dentre eles, de par com o estrito respeito à finalidade que a lei assinala para o ato, avulta a exigência de que a conduta administrativa esteja estribada nos pressupostos fáticos, isto é, nos motivos que a norma jurídica tomou em conta ao autorizar ou exigir dada providência. Motivo, como se sabe. É a situação de direito ou de fato que autoriza ou exige a prática do ato. Se a regra de direito enuncia que um dado ato pode (ou deve) ser produzido quando presente determinado motivo (isto é, uma dada situação de fato), resulta óbvio ser condição de lisura da providência adotada que efetivamente tenha ocorrido ou seja existente aquela situação pressuposta na norma a ser aplicada. Se o fato presumido pela lei não existe, sequer irrompe a competência para expedir o ato, pois as competências não são conferidas para serem exercidas a esmo. Os poderes administrativos são irrogados para que, em face de determinadas situações, o agente atue com vistas ao escopo legal. Donde, o motivo é a demarcação dos pressupostos fáticos cuja ocorrência faz deflagrar in concreto a competência que o agente dispõe em abstrato" (BANDEIRA DE MELLO, Celso Antônio. *Discricionariedade e Controle jurisdicional.* 2. ed. 2ª tiragem. São Paulo: Malheiros, 1996, p.86.)

66. A natureza de ato administrativo do termo de transação foi abordada no segundo capítulo.

conflito. Transacionar é uma opção. Aquele que livremente escolhe esse caminho – em favor do controle da isonomia – tem o dever de tolerar um grau adicional de exposição da própria intimidade fiscal, se comparado a outros contribuintes.

É sob essa perspectiva que valores de transparência e sigilo devem ser compatibilizados. A ressalva à publicização trazida na lei da transação deve ser interpretada como reafirmação do direito à privacidade fiscal, não como limitação à transparência. O contribuinte que transaciona não renuncia ao direito ao sigilo, mas não pode opô-lo especificamente em relação a informações imprescindíveis ao controle da isonomia.

Os elementos indispensáveis ao atendimento da igualdade devem ser publicados, ainda que estivessem protegidos por sigilo legal fora do contexto da transação. Ocultar do público interessado o motivo que justifica o agir administrativo criaria um estado de não controle incompatível com a ordem jurídica,[67] nas palavras de Celso Antônio Bandeira de Mello:

> Omitindo-se a enunciação dos fatos e situações à vista dos quais se está procedendo de dado modo, não se terá como controlar a própria existência material de um motivo para ele, e menos ainda, seu ajustamento à hipótese normativa: carecendo de fundamentação esclarecedora do porquê se agiu da maneira tal ou qual não haverá como reconhecer-se, nos casos de discrição, se houve ou não razão prestante para justificar a medida e, pois, se ela era, deveras, confortada pelo sistema normativo.
>
> Com efeito, como contestar a validade de um ato se os seus motivos, se sua razão de ser permanecer ignorada, oculta? Como impugná-lo, como submetê-lo ao crivo jurisdicional, se forem, desde logo, desconhecidas as bases em que está assentado?
>
> Se isto fosse possível, o ato administrativo apresentar-se-ia como definitivo, com força de verdade legal, tão irreversível quanto uma

67. Lei nº 12.527/2011.
Art. 21. Não poderá ser negado acesso à informação necessária à tutela judicial ou administrativa de direitos fundamentais.

> decisão judicial transitada em julgado. Ganharia os atributos que só assistem aos pronunciamentos judiciários finais.
>
> Aliás, até mesmo razões esforçadas na lógica do Estado de Direito, no exercício democrático do poder, reclamariam necessidade de motivação.[68]

Essa interpretação contextualiza o regramento da transação com o marco legal do acesso à informação que lhe é anterior. Em princípio, as informações pessoais são sigilosas, mas a divulgação é autorizada "diante de previsão legal ou consentimento expresso".[69] A Lei nº 13.988/2020 é justamente a aludida disposição, que libera a publicação dos dados particulares.

Isso tampouco quer dizer que precisem ser reveladas informações patrimoniais específicas ou analiticamente descrita a situação operacional do contribuinte. A exposição sintética desses fatores, relacionando-os com os benefícios previstos no plano de pagamento, pode ser suficiente para permitir o controle adequado da isonomia.

O nível necessário de detalhamento das circunstâncias é questão cuja definição exige sensibilidade no caso concreto. Sem deixar de reconhecer a complexidade do assunto, é esse entendimento que se propõe como critério de harmonização para resguardar o direito ao sigilo sem impossibilitar o efetivo controle externo da isonomia na transação tributária.

---

68. BANDEIRA DE MELLO, Celso Antônio. Discricionariedade e Controle jurisdicional. 2. ed. 2ª tiragem. São Paulo: Malheiros, 1996, p. 99-100.

69. Lei nº 12.527/2011
Art. 31. O tratamento das informações pessoais deve ser feito de forma transparente e com respeito à intimidade, vida privada, honra e imagem das pessoas, bem como às liberdades e garantias individuais. (...)
II - poderão ter autorizada sua divulgação ou acesso por terceiros diante de previsão legal ou consentimento expresso da pessoa a que elas se referirem.

3.2.2 Pactos aditivos

Tendo-se esclarecido que a obrigação não é extinta pelo termo de transação (não há novação), o que apenas acontecerá na contingência da quitação do passivo, a consequência inescapável é que a relação jurídico-tributária vigora enquanto pendente o plano de pagamento, que pode se alongar por 10 (dez) anos ou mais no atual marco legal.

Acontece que as condições fáticas e normativas presentes no momento da celebração do termo nem sempre continuarão constantes durante esse período. É necessário, portanto, que o sistema lide com o influxo dessas modificações na relação transacionada.

Os pactos aditivos, nesse cenário, despontam como veículos normativos capazes de servir de ponte de contato entre o termo de transação (transação do ponto de vista estático) e a realidade cambiante do mundo (transação do ponto de vista dinâmico).

Eles constituem a linguagem competente da qual se vale a autoridade administrativa para, reconhecendo modificações fáticas ou jurídicas relevantes, adequar o plano de recuperação fiscal em andamento à nova realidade.

Na pragmática da transação individual, de fato, os aditivos têm sido bastante úteis para ajustar o acordo a modificações na conjuntura fática, como o surgimento de novos débitos,[70] a necessidade de alterar o valor das prestações[71] ou a mudanças no sistema jurídico, incorporando ao plano de pagamento

70. Transação individual da Geosistemas Engenharia e Planejamento LTDA, firmada na 5ª Região, disponível em: https://www.gov.br/pgfn/pt-br/assuntos/divida-ativa-da-uniao/transparencia-fiscal-1/painel-dos-parcelamentos/termos-de-transacao/5a-regiao/primeiro-termo-aditivo-geosistemas.pdf

71. Transação individual da Royal Fic Distribuidora de Derivados de Petróleo SA, firmada na 3ª Região, disponível em: https://www.gov.br/pgfn/pt-br/assuntos/divida-ativa-da-uniao/transparencia-fiscal-1/painel-dos-parcelamentos/termos-de-transacao/3a-regiao/ADITIVOtransaoindividualROYAL.pdf

modificações legislativas supervenientes,[72] a exemplo da que permitiu a quitação do passivo com uso de créditos de prejuízo fiscal ou base de cálculo negativa de CSLL.

Outros casos de modificação no ambiente normativo – menos usuais, porém relevantes – ainda não foram concretamente tratados nos aditivos até o momento formalizados.[73] Serão abordados alguns deles, para que, dentro do escopo deste trabalho, seja possível fornecer algumas recomendações de ordem prática, possivelmente úteis para quem quer que atue na transação individual.

A primeira situação que, conquanto ainda não registrada, merece menção é o possível conflito do termo de transação individual com posterior orientação vinculativa emanada do Poder Judiciário.

É possível que, dentro de um passivo transacionado, haja uma parte cuja inconstitucionalidade venha a ser reconhecida em decisão oriunda do Supremo Tribunal Federal em controle abstrato ou consagrada em súmula com efeito vinculante, as quais, por força constitucional,[74] modificam o

---

72.Transação individual da Tebasa S.A, firmada na 5ª Região, disponível em https://www.gov.br/pgfn/pt-br/assuntos/divida-ativa-da-uniao/transparencia-fiscal-1/painel-dos-parcelamentos/termos-de-transacao/5a-regiao/AditivoTermodeTransaoIndividualTebasaSAInformaesSigilosasSuprimidas.pdf

73. No momento em que escrevo, há registro de 30 aditivos publicados considerando as 6 unidades regionais que integram a Procuradoria-Geral da Fazenda Nacional e nenhum deles aborda as situações que serão adiante tratadas. Todos os aditivos, assim como os termos de transação individuais originais, podem ser acessados em: https://www.gov.br/pgfn/pt-br/assuntos/divida-ativa-da-uniao/transparencia-fiscal-1/painel-dos-parcelamentos/termos-de-transacao-individual

74. Constituição Federal
Art. 102. (...) § 2º As decisões definitivas de mérito, proferidas pelo Supremo Tribunal Federal, nas ações diretas de inconstitucionalidade e nas ações declaratórias de constitucionalidade produzirão eficácia contra todos e efeito vinculante, relativamente aos demais órgãos do Poder Judiciário e à administração pública direta e indireta, nas esferas federal, estadual e municipal.
(...)
Art. 103-A. O Supremo Tribunal Federal poderá, de ofício ou por provocação, mediante decisão de dois terços dos seus membros, após reiteradas decisões sobre

sistema jurídico de referência, configurando uma norma geral a ser observada, inclusive pela administração tributária.

Estabelecer-se-ia, na hipótese, um conflito entre o termo de transação e a decisão vinculante em matéria constitucional. É esperado, em casos desse naipe, que o contribuinte não deseje, dentro do plano de amortização, ver-se compelido a uma prestação inconstitucional, quando todos os outros dela estão desobrigados.

O valor constitucional da isonomia e a força normativa da Constituição, concretizados pela autoridade da decisão do Supremo Tribunal Federal, são argumentos muito fortes para serem desprezados a esse respeito. Se até mesmo a coisa julgada, que goza de especial proteção constitucional como direito fundamental,[75] perde a eficácia diante do exercício da jurisdição constitucional,[76] é difícil sustentar que não produza efeitos também sobre o ato administrativo que disciplina a relação jurídica transacionada.

Esse cenário é profícuo para a utilização do aditivo em controle da isonomia, readequando o termo ao novo paradigma jurídico e conferindo coerência ao tratamento atribuído aos contribuintes pela administração tributária com a supressão da exigência inconstitucional da obrigação transacionada.

Do mesmo modo, existem mecanismos no ordenamento jurídico cuja função é amplificar os efeitos das decisões proferidas pelo Supremo Tribunal federal em controle incidental, universalizando-as.

---

matéria constitucional, aprovar súmula que, a partir de sua publicação na imprensa oficial, terá efeito vinculante em relação aos demais órgãos do Poder Judiciário e à administração pública direta e indireta, nas esferas federal, estadual e municipal, bem como proceder à sua revisão ou cancelamento, na forma estabelecida em lei.

75. Constituição Federal
Art. 5º. (...) XXXVI - a lei não prejudicará o direito adquirido, o ato jurídico perfeito e a coisa julgada;

76. Temas nº 881 e 885.

Isso ocorre quando o Senado Federal exercita a competência instituída no art. 52, X, da Constituição Federal. É que a suspensão da execução da norma estende a todos o que, como regra, seria circunscrito às partes do processo, conferindo generalidade à decisão do Supremo Tribunal Federal que, a priori, era individual.

Se, a princípio, o argumento da isonomia não beneficiaria o contribuinte que celebra transação individual na superveniência de decisão em controle concreto, a suspensão da norma pelo Senado Federal muda o quadro. Isto é, dado que a resolução do Senado modifica de forma genérica o sistema jurídico, o contribuinte que tenha incluído na transação individual obrigação cuja sustentação normativa foi suprimida terá a pretensão de ser tratado de acordo com a regra geral vigente.

Faz-se valer, por conseguinte, as mesmas considerações a respeito da igualdade e força normativa da Constituição anteriormente formuladas em relação ao controle abstrato, sendo esse, portanto, um segundo caso potencialmente útil para o emprego do aditivo que merece aqui destaque.

É possível, ainda, que decisões judiciais dos Tribunais Superiores não dotadas de efeito vinculante sejam incorporadas ao sistema normativo por iniciativa da própria administração tributária. Assim, por exemplo, além de decisões do Supremo Tribunal Federal, as provenientes do Superior Tribunal de Justiça em recursos repetitivos, cumpridas as formalidades legais,[77] tornam-se regra que aproveita a todos os contribuintes.

Nesses casos, a despeito do compromisso de pagamento constar no plano de amortização, a mudança no estado de direito decorrente da autovinculação imposta pela

---

77. A Lei nº 10.522/2002 elenca hipóteses de vinculação estabelecidas por iniciativa da própria administração tributária federal.

própria administração pública[78] não permite que o contribuinte seja forçado a uma obrigação da qual todos os demais estão liberados.

Essa é mais uma situação na qual o emprego do aditivo pode adequar o plano de amortização às modificações incorporadas ao sistema jurídico, prestigiando os valores de isonomia e coerência antes referidos, valendo para a transação individual a advertência formulada por Antonio Carlos Ferreira de Souza Junior:

> A nova lei da transação (Lei nº 13.988/2020), inclusive, veda a celebração de acordos quando os precedentes vinculantes sobre o tema são desfavoráveis à Fazenda Nacional, isto é, existindo decisão favorável ao contribuinte, recepcionadas pelo sistema de vinculação precedentes no âmbito administrativo, é dever do órgão controlar a legalidade do crédito, mesmo quando o contribuinte se propõe a pagar por meio de transação tributária.[79]

Em todas as hipóteses aqui descritas, é relevante frisar, que a presunção de validade milita a favor do termo de transação tal qual celebrado. Cabe, pois, ao contribuinte interessado na proposta de aditivo trazer ao conhecimento da autoridade administrativa os elementos necessários à conclusão de que a alteração no estado de direito havida encontra pertinência com o caso.

Desse modo, os representantes dos contribuintes na transação individual (em regra, advogados) devem ter em

---

78. "A Teoria das Autolimitações Administrativas constitui, na verdade, um conjunto de instrumentos diversos, mas complementares, que visam a assegurar a razoabilidade, a coerência e a isonomia no tratamento conferido pela Administração Pública aos cidadãos, em uma expressão do Estado Democrático de Direito e do devido processo legal substancial, que vedam as iniquidades estatais" (ARAGÃO, Alexandre Santos de. *Teoria das autolimitações administrativas:* atos próprios, confiança legítima e contradição entre órgãos administrativos. Revista de Doutrina da 4ª Região, Porto Alegre, n. 35, abril. 2010. Disponível em: https://bdjur.stj.jus.br/jspui/bitstream/2011/34707/Teoria_autolimita%C3%A7%C3%B5es_administrativas_aragao.pdf)

79. SOUZA JÚNIOR, Antonio Carlos de. *A conservação do ato irregular no direito tributário.* 1ª ed. São Paulo: Noeses, 2022, p.466-467.

mente que o trabalho não se encerra com a assinatura do termo. É importante que o plano de quitação seja acompanhado e, periodicamente, cotejada a relação transacionada com as mudanças advindas no sistema jurídico.

Somente o contribuinte atento alertará a autoridade administrativa sobre a necessidade, via pacto aditivo, de adaptar o plano de pagamento a uma realidade jurídica mais favorável, sendo essa uma recomendação prática que se gostaria de registrar.

Uma questão controvertida, no entanto, precisa ser enfrentada. Ao contrário do que se verifica no simples parcelamento, a transação está necessariamente conectada a um conflito concreto. A função do acordo é criar condições para a quitação do passivo, ponderando a capacidade de pagamento e demais circunstâncias que envolvem uma situação posta. A extinção de um litígio específico, portanto, é parte da natureza do instituto.

A renúncia manifestada como condição para transacionar pode ser apontada como óbice à aplicação do precedente vinculante ao plano de pagamento anteriormente acertado.[80] O termo de transação estabilizaria a relação jurídica afastando a autoridade da decisão obrigatória, ressalvados os efeitos futuros dela advindos, como defendem Juliana Furtado Costa Araújo e Carlos Eduardo Makoul Gasperin:

> Pois bem, a grande questão é saber quais os limites desse tipo de renúncia. Poderia ela ser revista ou limitada face a uma alteração superveniente do quadro fático ou jurídico, como a fixação de um precedente vinculante pelo STJ ou do STF, ou, ainda, a

80. Caso o precedente vinculante seja anterior à celebração da transação, o efeito dele sobre o crédito tributário deve ser reconhecido de ofício no momento do ato de inscrição em dívida ativa, cuja função é precisamente controlar a legalidade da dívida inscrita, sem prejuízo da possibilidade de o contribuinte requerer a aplicação da decisão obrigatória por intermédio do pedido de revisão de dívida inscrita, que expurgará a ilegalidade e tornará o passivo fiscal apto para inclusão na transação, conforme abordado no tópico sobre o PRDI.

> existência de prévia causa extintiva dos créditos transacionados, como prescrição e decadência? (...) Portanto, rever a transação implicaria rever o próprio ato de renúncia ao direito material envolvido que recairia sobre os fatos confessados e os que suportam a relação jurídica como um todo; ato esse que se desenvolve no estrito campo da liberdade de autorregramento processual daquele que o executa. (...) Quanto às alterações supervenientes no quadro fático-jurídico essas, evidentemente, somente poderão afetar os acordos de transação pendentes no que toca a eventos futuros a ele vinculados. O que foi decidido e acordado entre as partes não pode ser afetado, relacionado ao litígio transacionado. Ao renunciar ao direito de questionar a relação litigiosa existente, o contribuinte abre mão dessa faculdade em prol do acertamento de uma norma de decisão consensual e comum, fixada com base no direito então vigente e que regulamentará a relação havida entre as partes, cujo litígio foi transacionado, até que as condições fático-jurídicas que a sustentou não mude.[81]

Embora demonstre preocupação com a segurança jurídica da relação transacionada, essa não é a interpretação que se adota neste livro. Para conciliar outros valores que inspiram o instituto da transação e situá-la dentro de um sistema multiportas de realização da justiça, é preciso considerar as intenções que movem as partes.[82]

Tratando-se de transação individual – e não da modalidade elaborada para lidar com a controvérsia relevante e disseminada – a Fazenda Nacional intenta eliminar a resistência do sujeito passivo e receber, ao menos parcialmente, o tributo que não arrecadaria de outra forma.

O contribuinte, movido pelos benefícios ofertados, legitimamente espera quitar o passivo fiscal em condições

---

81. ARAÚJO, Juliana Furtado Costa; GASPERIN, Carlos Eduardo Makoul. *Transação tributária federal e a rediscussão dos débitos transacionados. Revista dos Tribunais*, São Paulo, v. 112, n. 1057, p. 165-185, nov. 2023, p. 07, 09-10.

82. "a expressão multiportas decorre de uma metáfora: seria como se houvesse, no átrio do fórum, várias portas; a depender do problema apresentado, as partes seriam encaminhadas para a porta da mediação, ou da conciliação, ou da arbitragem, ou da própria justiça estatal" (CUNHA, Leonardo Carneiro da. *A Fazenda Pública em juízo.* 13ª ed., Rio de Janeiro: Forense, p. 637)

mais favoráveis do que as que ele próprio seria submetido, caso não optasse pela transação. Sem o alinhamento desses interesses, parece inegável que o acordo jamais seria selado.

Esses elementos precisam ser considerados na construção de um devido processo negocial. A boa-fé objetiva pós-negocial, entendida como dever de lealdade que impõe às partes que atuem no cumprimento do plano de pagamento de modo a não frustrar as expectativas que tornaram o acertamento previamente possível, deve ser observada nesse contexto.

O termo de transação – sendo produto da vontade dos celebrantes – não pode ser lido de modo a desconsiderar os anseios deles. Nenhum dos signatários pode validamente interpretar as condições do acordo de tal maneira que o teria levado à rejeição se fosse antecipado pela contraparte. E isso poderá ocorrer se a cláusula de renúncia for tida como uma barreira à aplicação da hipótese de vinculação.

Retomemos o exemplo do tributo transacionado que venha a ter a inconstitucionalidade decretada pelo Supremo Tribunal Federal em controle abstrato. Parece inquestionável que, nessa hipótese, a decisão vinculante e geral desobrigaria o contribuinte do pagamento daquela obrigação fora do ambiente da transação.

Compreender a cláusula de renúncia como empecilho à aplicação do precedente vinculante, então, significa impor ao contribuinte o dever de pagamento pelo fato de ter transacionado. A expectativa de quitar o passivo em uma condição mais favorável, fator que o levou a transacionar, seria totalmente frustrada.

A realidade se materializaria como o oposto da promessa. O contribuinte se veria em uma situação pior do que estaria caso não concretizasse o acordo. Vislumbraria o conflito como um caminho mais vantajoso do que o consenso.

Suportaria uma obrigação superior à imposta aos concorrentes que preferiram litigar. Nada substancialmente aproveitaria aquele que transacionou. A própria ideia de concessões mútuas, que define legalmente o instituto, estaria descaracterizada.

A conclusão a que chegamos, por esse conjunto de fatores, é que interpretar a cláusula de renúncia como obstáculo intransponível à hipótese de vinculação na transação individual é um comportamento que viola o dever de boa-fé objetiva pós-negocial.

A inaplicabilidade do precedente vinculante na transação individual, isolando-a da jurisdição, também aparenta não enquadrar a transação dentro de um sistema amplo de meios administração da justiça. A consequência dessa falta de integração do exercício da função pública na transação e com a atividade jurisdicional pode minar a formação de um ambiente de confiança necessário à prosperidade de um modelo de consensualidade.

Cria-se para o contribuinte – como consequência desse afastamento entre os diversos métodos de solução do conflito – um incentivo quase irresistível para rescindir o acordo e apresentar judicialmente pretensão fundamentada na regra de vinculação.

Restabelecido o *status quo ante* com o rompimento da transação, sob a perspectiva exacional, dar-se-ia necessariamente um processo executivo judicial. Ocorre que, preservados os efeitos futuros do precedente vinculante, não haveria justificativa jurídica para a prática de atos a eles contrários. Essa, pois, seria uma execução estéril.

A Procuradoria da Fazenda Nacional – por imposição legal que não excetua a transação[83] – sequer teria interesse

83. Lei nº 10.522/2002
Art. 19. Fica a Procuradoria-Geral da Fazenda Nacional dispensada de contestar, de

jurídico em agir contra a regra de vinculação. O juiz, que não foi parte do negócio, não poderia determinar a prática de atos expropriatórios violadores do entendimento a que está, ele próprio, obrigado a observar.[84]

Sob a óptica individual do contribuinte, portanto, o estímulo para abandonar a solução negociada é significativo caso a administração rejeite a aplicação das normas de vinculação na transação individual. E essa postura, dentro das premissas aqui adotadas, sequer implicaria inauguração de um conflito.

Isso porque, materializada a hipótese da regra de vinculação, não há mais divergência possível. É justamente a norma de vinculação que encerra a possibilidade de litígio em nível sistemático. Ela substitui a disputa pelo compromisso legal dos participantes do sistema em agir de acordo com o mandamento. E a renúncia manifestada pelo contribuinte não mitiga os deveres da administração tributária,

---

oferecer contrarrazões e de interpor recursos, e fica autorizada a desistir de recursos já interpostos, desde que inexista outro fundamento relevante, na hipótese em que a ação ou a decisão judicial ou administrativa versar sobre: (...)
V - tema fundado em dispositivo legal que tenha sido declarado inconstitucional pelo Supremo Tribunal Federal em sede de controle difuso e tenha tido sua execução suspensa por resolução do Senado Federal, ou tema sobre o qual exista enunciado de súmula vinculante ou que tenha sido definido pelo Supremo Tribunal Federal em sentido desfavorável à Fazenda Nacional em sede de controle concentrado de constitucionalidade;
VI - tema decidido pelo Supremo Tribunal Federal, em matéria constitucional, ou pelo Superior Tribunal de Justiça, pelo Tribunal Superior do Trabalho, pelo Tribunal Superior Eleitoral ou pela Turma Nacional de Uniformização de Jurisprudência, no âmbito de suas competências, quando:
a) for definido em sede de repercussão geral ou recurso repetitivo; ou
b) não houver viabilidade de reversão da tese firmada em sentido desfavorável à Fazenda Nacional, conforme critérios definidos em ato do Procurador-Geral da Fazenda Nacional; e

84. Supõe-se, nesse exemplo, que a decisão proferida pelo Supremo Tribunal Federal observou a regra geral, sem modulação de efeitos. Recomenda-se à PGFN, quando pedir a modulação de efeitos de decisões judiciais, que amplie o escopo da pretensão para que o Tribunal não apenas se manifeste a respeito da eficácia do precedente em relação aos processos judiciais em andamento, como já é tradicional, mas explicitamente inclua na modulação os acordos em fase de cumprimento.

inclusive de ofício, de controlar a legalidade da dívida inscrita diante da hipótese de vinculação.

Também no plano sistêmico, a mensagem enviada ao se ignorar o conteúdo da regra de vinculação é um forte desincentivo para que a transação seja tida como meio adequado à solução dos problemas pela generalidade dos particulares.

Enquanto litigar for possivelmente mais vantajoso, a consensualidade será sempre subsidiária à jurisdição. Sabendo que não serão beneficiados com eventual regra de vinculação superveniente, os contribuintes serão motivados a prolongar o estado de conflituosidade de modo a aproveitar o precedente vinculante. A transação jamais alcançará todo o potencial que poderia.

A noção de empatia, construída por Paulo Cesar Conrado e Fernanda Donnabella Camano, não deve se restringir à hipótese do edital.[85] Toda proposta de transação, em essência, é um convite. A modalidade individual apenas tem condições mais maleáveis.

As interpretações institucionalmente estabelecidas pela administração tributária funcionarão, tal como regras do edital, aproximando ou afastando os contribuintes da transação individual. Impedir a aplicação das normas de vinculação por interpretação administrativa da cláusula de renúncia é certamente um fator de grande desestímulo ao consenso.

Afastar a hipótese de vinculação exclusivamente para o contribuinte que firmou transação individual, de acordo com as premissas aqui adotadas, fere a boa-fé objetiva

---

85. "a única conclusão a que podemos validamente chegar (sem sombra de devaneio, mas com rigor pragmático) é que a Fazenda, no exercício de suas atribuições, não pode pensar no seu interesse isoladamente, senão em associação com o interesse dos prováveis transacionantes, medida que supõe uma conduta inédita aos olhos tradicionais: a de se colocar no lugar desse outro sujeito, aferindo, a partir daí, se e em que proporção o 'convite' formulado faz ou não sentido" (CONRADO, Paulo Cesar; CAMANO, Fernanda Donnabella. *O (des)contencioso tributário:* da litigiosidade escalar à transação de tese. São Paulo: Noeses, 2023, p. 97)

pós-negocial em nível individual e concreto e não parece ser um meio adequado de o poder público exercer a administração da justiça em âmbito geral e sistêmico. Essa postura, acredita-se, traria mais conflito do que pacificação.

Deve-se ler a renúncia, adotados esses pressupostos, como um impedimento para que interpretações não vinculantes sejam arguídas pelo contribuinte para questionar a validade da obrigação transacionada.

A renúncia, ademais, é manifestação de vontade que leva em consideração o ordenamento jurídico em vigor no momento em que exprimida e assim deve ser interpretada. Renuncia-se às alegações de direito atuais ou futuras, não ao ordenamento jurídico futuro.[86] Estão abarcadas, pois, tanto as questões efetivamente formuladas em processos judiciais e administrativos, quanto as que poderiam ter sido arguídas com base no sistema jurídico presente naquele momento. A mudança do estado de direito superveniente, pela introdução de uma regra geral de vinculação aplicável, não está alcançada, como aduz Daniel de Paiva Gomes:

> Isso porque, ocorrendo mudança do estado de direito (alegação de direito futura) decorrente do advento de precedente persuasivo, é nítido o impacto na transação tributária especificamente no que se refere à restituição das parcelas já pagas e à cessação da eficácia do acordo em relação às parcelas vincendas, haja vista, nesse caso, a desnecessidade de ação judicial para repetir o indébito, à luz do Parecer PGFN nº 396/2013. (...) Isso porque a

86. Lei 13.988/2020
Art. 3º (...)
IV - desistir das impugnações ou dos recursos administrativos que tenham por objeto os créditos incluídos na transação e renunciar a quaisquer alegações de direito sobre as quais se fundem as referidas impugnações ou recursos; e
V - renunciar a quaisquer alegações de direito, atuais ou futuras, sobre as quais se fundem ações judiciais, inclusive as coletivas, ou recursos que tenham por objeto os créditos incluídos na transação, por meio de requerimento de extinção do respectivo processo com resolução de mérito, nos termos da alínea c do inciso III do caput do art. 487 da Lei nº 13.105, de 16 de março de 2015 (Código de Processo Civil).

> "Fazenda Nacional passa a reputar indevidos os créditos lançados de acordo com os critérios superados, surgindo, como consequência, a possibilidade de restituição e de compensação dos valores efetivamente pagos, na forma da legislação em vigor" (item 155 do parecer). Diante do exposto, forçoso reconhecer que a superveniência de precedente persuasivo do STJ ou do STF viabiliza a restituição administrativa das parcelas pagas no âmbito do acordo de transação e o espontâneo não pagamento das parcelas vincendas, dando-se especial "força" a essas alegações de direito futuras ("qualificadas"), já que tais alegações, justamente por sua força persuasiva, tornam despiciendo o ajuizamento de ação de repetição de indébito.[87]

A renúncia às alegações de direito relativas ao crédito tributário, condição legalmente imposta para a aceitação do acordo, em síntese, não confere sustentação jurídica à obrigação tributária que tenha perdido o fundamento legal, tampouco atinge o dever de permanente controle da legalidade da administração. Precisamente porque a transação não implica novação, o que também é previsto em lei, o termo de transação individual não se transforma em fonte de validade da obrigação transacionada.[88]

---

87. GOMES. Daniel de Paiva. A renúncia às alegações de direito, atuais ou futuras, sobre as quais se funda a defesa do contribuinte enquanto condição à celebração de transação em matéria tributária. In: CONRADO, Paulo Cesar; e ARAÚJO, Juliana Furtado Costa (coordenadores). *Transação tributária na prática da Lei nº 13.988/2020.* São Paulo: Thomson Reuters Revista dos Tribunais, 2020, e-book (não paginado).

88. "É a confiança do sujeito passivo na presunção de constitucionalidade e legalidade da norma instituidora do tributo que o leva a renunciar às suas alegações de direito, atuais ou futuras. Por isso, inclusive, que o sujeito passivo da obrigação tributária não pode ser "penalizado" com a manutenção de um acordo de transação e com a cobrança das parcelas vincendas a ele relativas, na hipótese de a jurisprudência persuasiva do STJ ou do STF, declarar o tributo transacionado ilegal ou inconstitucional, respectivamente. A bem da verdade, entender que a renúncia às alegações de direito atuais ou futuras feita pelo sujeito passivo seja irreversível e definitiva, atentaria não só contra o princípio da legalidade, mas também macularia os princípios da moralidade administrativa (artigo 37 da CF/88), da razoabilidade e da proporcionalidade, além de violar a garantia constitucional da isonomia e a necessidade de estabilização jurisprudencial (artigos 926 e 927 do CPC/2015), sobretudo nas hipóteses de mudança de jurisprudência vinculante. (...) considerando que o próprio § 3º do artigo 12 da Lei nº 13.988/2020 prevê que "a proposta de transação aceita não implica novação dos créditos por ela abrangidos", bem como tendo em

Como requisito de acesso à transação, portanto, abdica-se da possibilidade de buscar decisão judicial que demova a presunção de validade do crédito tributário. Nos casos aqui exemplificados, no entanto, o contribuinte não questionará propriamente a validade da obrigação, eis que já afastada pela eficácia da decisão do Supremo Tribunal Federal, em razão da autovinculação da administração ao precedente judicial ou em função da suspensão da execução da norma pelo Senado. A autoridade administrativa apenas reconhecerá sobreditos efeitos sobre o plano de pagamento.[89]

---

vista que, como visto, o crédito tributário é uma obrigação legal, parece-nos incorreto admitir como definitivo e irreversível o compromisso assumido pelo sujeito passivo de renunciar às suas alegações de direito (atuais e futuras), seja em relação às parcelas já pagas no âmbito da transação firmada, seja em relação às parcelas vincendas ou aos fatos geradores futuros." (GOMES. Daniel de Paiva. A renúncia às alegações de direito, atuais ou futuras, sobre as quais se funda a defesa do contribuinte enquanto condição à celebração de transação em matéria tributária. In: CONRADO, Paulo Cesar; e ARAÚJO, Juliana Furtado Costa (coordenadores). *Transação tributária na prática da Lei nº 13.988/2020*. São Paulo: Thomson Reuters Revista dos Tribunais, 2020, e-book (não paginado).

89."Por essa toada, uma coisa é a renúncia à pretensão de buscar a desconstituição de um ato de lançamento a partir da alegação da inconstitucionalidade de uma norma que lhe deu substrato, hipótese em que se busca o afastamento da presunção de legalidade do ato derivada da presunção de constitucionalidade da norma. Outra, é buscar a declaração da ilegalidade do ato com base nos efeitos erga omnes de uma decisão que já reconheceu a inconstitucionalidade do fundamento legal da obrigação. A diferença entre essas hipóteses está no momento e nas condições em que o ato de renúncia à pretensão é efetivado. Antes de uma decisão em sede de controle abstrato de constitucionalidade, a pretensão se volta para a desconstituição do fundamento de validade e, com isso, do ato em si. Já com a superveniência de uma decisão abstrata que, por si, esvazia o fundamento de validade do ato, a pretensão se torna garantir a recomposição dos efeitos da consequente nulidade do ato de lançamento em sede individual. No primeiro caso, a pretensão é existente no momento da lavratura do ato. No segundo, a pretensão surge com o reconhecimento da inconstitucionalidade por decisão com efeitos vinculantes. Nesse contexto, a confissão em relação ao montante do crédito tributário e a renúncia do direito de discutir a sua legalidade somente podem ser mantidas se houver também a manutenção das condições iniciais em que elas foram efetivadas. Se a situação mudar, com a eliminação da presunção de legalidade da norma que embasava a obrigação originária, a pretensão para o reconhecimento dos vicio de legalidade derivado dos efeitos da decisão erga omnes não estará abrangida nos limites da renúncia" (GONÇALVES. Carla de Lourdes. Rescisão da transação individual diante da declaração de inconstitucionalidade pelo STF. In: CONRADO, Paulo Cesar; e ARAÚJO, Juliana Furtado Costa (coordenadores). Transação Tributária na Prática da Lei nº 13.988/2020. São Paulo: Thomson Reuters Revista dos Tribunais, 2020, e-book (não paginado).

É por isso que, quando há vinculação, o pacto aditivo não será produto de negociação, e sim imposição do ordenamento jurídico. A omissão injustificada no reconhecimento da modificação no estado de direito, pois, sujeita-se a controle judicial provocada pelo contribuinte prejudicado.

Assim, ainda que operacionalmente seja necessária a atuação conjunta entre a divisão responsável pelo controle da dívida ativa (DIDAU) e a equipe de negociação vinculada à transação, nessas hipóteses, a utilização do aditivo para incorporar a modificação no estado de direito é determinação necessária à preservação da legalidade e isonomia entre os contribuintes.

Um contraponto, no entanto, é necessário. Simplesmente expurgar do passivo transacionado a quantia cuja inconstitucionalidade foi decretada, cuja exigibilidade foi afastada pelo Senado ou aquela que, em razão da assimilação administrativa do entendimento judicial, deixou de ser cobrável, como provavelmente se colocaria a pretensão do contribuinte nessas hipóteses, não necessariamente será a solução justa e que consagrará a isonomia.

Isso porque, ao incluir o débito na transação, é inegável que contribuinte, por algum tempo, beneficia-se de uma situação jurídica da qual outros não gozavam, sendo necessário avaliar o resultado da adequação do plano de amortização em relação a essas vantagens.

Quer-se dizer, com isso, que o impacto da modificação do sistema jurídico sobre o plano de pagamento é possivelmente complexo. Ou seja, ao extirpar do passivo transacionado a parcela que, por qualquer razão, deixou de ser devida, outras cláusulas do acordo podem ser prejudicadas considerando o termo de forma global.

É possível, nas circunstâncias do caso concreto, que os benefícios tenham sido concedidos levando em conta determinado montante de passivo. Nessa hipótese, reduzido o passivo por intermédio de pacto aditivo, é razoável que as cláusulas de benefícios dependentes também sejam readequadas para refletir a nova realidade.

Assim, se o percentual de desconto ou a quantidade de prestações foram definidos em função do volume do passivo, a redução desse montante pode exigir a reapuração da capacidade de pagamento do contribuinte, o que, em tese, pode resultar na diminuição dos benefícios outorgados.

Essa revisão, notadamente quando restringir uma situação jurídica favorável, apenas poderá ocorrer se demonstrado que a mudança promovida é juridicamente relevante para embasar a medida adotada. Impõe-se, desse modo, um ônus argumentativo à autoridade administrativa que deve comprovar a relação de dependência entre o passivo incobrável retirado do plano de pagamento e a cláusula de benefício que pretende revisitar.

É, por conseguinte, a adequada justificação do termo de transação que permite estabelecer a conexão entre um benefício concedido e o passivo transacionado, prevenindo a judicialização que certamente se daria acaso alguma vantagem conferida fosse arbitrariamente desfeita.

Sem que esse dever de fundamentação tenha sido anteriormente exercitado, não parece possível que qualquer benefício seja restringido em razão da redução do passivo transacionado, já que não haveria motivação para tal medida administrativa.

É prudente que os representantes da Procuradoria da Fazenda Nacional, dentro do acordo, disciplinem as consequências de eventual diminuição do passivo transacionado, antecipando-se a modificações no sistema jurídico potencialmente geradoras de conflitos.

Assim, como exemplo ilustrativo, pode ocorrer de o passivo transacionado abarcar crédito cuja base legal esteja afetada para julgamento nos tribunais superiores. Em uma situação como essa, em que se antevê possível mudança no sistema jurídico, é recomendável que a autoridade administrativa defina parâmetros sobre a consequência da eventual modificação no estado de direito em relação às cláusulas de benefícios previstas no termo de transação.

Normatizar preventivamente e por acordo um aspecto em relação ao qual se vislumbra litígio potencial traria maior previsibilidade para relação jurídica transacionada, reduzindo o risco de que a própria transação individual se converta em fonte de conflito, sendo essa uma recomendação direcionada à Procuradoria da Fazenda Nacional.

O elemento comum a todos os casos até aqui narrados é a incompatibilidade da obrigação transacionada com o sistema jurídico, seja em razão da decisão do Supremo Tribunal Federal, em virtude da Resolução do Senado ou em função da absorção de entendimento judicial pela Administração Pública.

O aditivo, nessas situações, reconhecerá essa inconformidade e, dado que a transação não convalida a exigência tributária, a exclusão dessa obrigação do plano de pagamento está fora do âmbito de discricionariedade administrativa, observada a possível modificação nas cláusulas de benefícios, como registrado.

Pode acontecer, no entanto, que modificações no sistema jurídico não afetem a validade da obrigação. A incorporação dessas mudanças ao plano de amortização, conquanto possível, em princípio, fica aberta ao processo de negociação inerente à transação individual.

Cita-se, nesse sentido, a mudança no marco legal que estabeleceu novas formas de quitação e ampliou as possibilidades de concessão de benefícios na transação individual.

Há contribuintes que firmaram a transação individual no regime legal anterior e, diante da degradada capacidade financeira, obtiveram "os descontos máximos previstos na legislação de regência da transação", nos exatos termos do acordo, trazendo-se, apenas como um exemplo, o caso da Vetorial Siderúrgica LTDA firmado na 3ª Região.[90]

Foi outorgado ao citado contribuinte o maior grau de desconto autorizado que, na ocasião, representava 50% (cinquenta por cento) do valor dos créditos transacionados. Ocorre que, com o advento da Lei nº 14.375/2022,[91] o teto do benefício foi majorado para até 65% (sessenta e cinco por cento), o que representa uma mudança benéfica no regime legal.

Trata-se de um exemplo no qual, embora não afetada a validade da obrigação, a formalização de um pacto aditivo poderia adequar o plano de amortização à nova realidade jurídica. Isto é, se o desconto ficou limitado ao máximo legal, é possível uma repactuação para majorar o benefício concedido inicialmente, ajustando a capacidade de pagamento ao novo parâmetro normativo.

O exemplo elucida a importância de os contribuintes, enquanto perdurar o plano de pagamento, acompanharem a evolução legislativa. Com isso, mudanças favoráveis no estado de direito podem, teoricamente, provocar a readequação do programa de amortização a um parâmetro legal benéfico.[92]

90.Transação individual da Vetorial Siderúrgica LTDA, firmada na 3ª Região, disponível em: https://www.gov.br/pgfn/pt-br/assuntos/divida-ativa-da-uniao/transparencia-fiscal-1/painel-dos-parcelamentos/termos-de-transacao/3a-regiao/termo-de-transacao-individual-vetorial-1.pdf

91. Lei 14.375/2022
Art. 10. A Lei nº 13.988, de 14 de abril de 2020, passa a vigorar com as seguintes alterações: (...)
Art. 11 (...)
§2º (...) II - implique redução superior a 65% (sessenta e cinco por cento) do valor total dos créditos a serem transacionados;

92. Interessante registrar que, até o momento em que escrevo, não há aditivo publicado modificando qualquer dos benefícios originais. Assim, pode-se inferir que o

Espera-se, com as considerações feitas acima, ter-se evidenciado a grande utilidade dos pactos aditivos como mecanismo de controle e adequação na pragmática da transação individual, principalmente considerando as mudanças fáticas e jurídicas que podem advir no curso do plano de equacionamento do passivo fiscal.

3.2.3 Pedido de revisão de dívida inscrita (PRDI)

A busca pela racionalização da cobrança do crédito público realçou a importância da atividade regulatória desempenhada pela Procuradoria-Geral da Fazenda Nacional (PGFN), conferindo ao órgão um papel de protagonismo no direcionamento da relação fisco-contribuinte.

Foram estabelecidos, desde a instituição do RDCC (Portaria PGFN nº 396/2016), um conjunto de mecanismos administrativos com intuito de tornar mais efetiva e eficiente a atividade de cobrança, entre os quais se evidenciam aqueles previstos na Portaria PGFN nº 33/2018, movimento bem observado por Juliana Furtado Costa Araujo:

> a cobrança do crédito tributário de forma mais efetiva tem sido mote ensejador de uma mudança de postura do fisco federal nos últimos anos, o que vem respaldado pela introdução no sistema jurídico nacional de atos normativos que buscam garantir maior celeridade à sua realização. Estas novas medidas têm sido nomeadas como 'um novo modelo de cobrança do crédito tributário federal', modelo esse que tem por finalidade focar na exigência de valores que revelam indícios de que podem vir a ser concretamente arrecadados aos cofres públicos. Essa maior racionalização é refletida em uma série de medidas implementadas pelo fisco federal nos últimos anos, que passam pela criação por meio da Portaria PGFN 396/2016 do regime diferenciado de cobrança do crédito tributário federal (RDCC), bem como pela classificação do crédito tributário pelo seu grau de recuperabilidade e maior ênfase no desenvolvimento de instrumentos que

---

contribuinte que ilustra o exemplo permanece pagando as prestações mensais constantes no plano de amortização com o desconto limitado ao teto revogado.

> garantam eficiência na pesquisa e análise patrimonial. Dentro desse contexto, foi publicada a Portaria PGFN 33/2018, que para além de regulamentar os artigos 20-B e 20-C da Lei 10.522/02, traz uma série de dispositivos que colocam em prática a tentativa de que medidas administrativas extrajudiciais busquem um caminho mais exitoso na satisfação das dívidas tributárias[93]

Destaca-se, dentro desse contexto, o pedido de revisão de dívida inscrita (PRDI),[94] que, nas palavras de Paulo Cesar Conrado, promove uma "reescritura do conceito de controle de legalidade do crédito tributário federal, atividade que, de unilateral, passa a ser contingencialmente dialética".[95]

Se, com fundamento no direito de petição do contribuinte, postular a anulação do crédito inscrito sempre foi uma possibilidade,[96] configurando um poder-dever[97]

93. ARAÚJO, Juliana Furtado Costa. A efetividade da cobrança do crédito tributário federal como fundamento legitimador da Portaria PGFN 33/18. In: ARAÚJO, Juliana Furtado Costa; e CONRADO, Paulo Cesar (org.). *Inovações na cobrança do crédito tributário*: de acordo com as Portarias PGFN nº 33/2018 e 360/2018. São Paulo: Ed. RT, 2019. cap. 1).

94. Portaria PGFN nº 33/2018
Art. 15. O pedido de revisão de dívida inscrita (PRDI) possibilita a reanálise, pela Procuradoria-Geral da Fazenda Nacional, dos requisitos de liquidez, certeza e exigibilidade dos débitos inscritos em dívida ativa da União, de natureza tributária ou não tributária.

95. CONRADO, Paulo Cesar. O pedido de revisão de dívida inscrita (Portaria PGFN 33/2018) e a suspensão da exigibilidade do crédito tributário: discussões que envolvem a efetividade da cobrança do crédito tributário. In: ARAÚJO, Juliana Furtado Costa; e CONRADO, Paulo Cesar (org.). *Inovações na cobrança do crédito tributário:* de acordo com as Portarias PGFN nº 33/2018 e 360/2018. São Paulo: Ed. RT, 2019. cap. 2. p. 25-36.

96. "Não que o PRDI, ainda que sem essa nomenclatura agora oficializada, seja uma grande novidade, afinal o contribuinte sempre pode exercer seu direito de petição junto à administração tributária. É inegável, porém, que, a partir da Portaria PGFN nº 33, passamos a ter uma atuação do contribuinte demarcada no tempo e que, se apresentada no prazo conferido, terá o efeito de sustar os atos de cobrança "indireta", exatamente porque a exigibilidade do crédito estará em xeque." (ARAÚJO, Juliana Furtado Costa. A revisão de dívida inscrita e o controle de legalidade do crédito tributário federal. *Conjur*, 2021. Disponível em: https://www.conjur.com.br/2021-jun-21/processo-tributario-revisao-divida-inscrita-controle-legalidade-credito-tributario)

97. "a possibilidade de controle da inscrição não se resume a etapa prévia ao ato de inscrição na dívida ativa e inscrição da respectiva certidão. o poder-dever da

da administração tributária a fiscalização permanente da legalidade,[98] o PRDI avança ao estabelecer um procedimento formal de controle provocado, com possibilidade de recurso e suspensão de atos de "cobrança indireta".[99]

Trata-se de uma ferramenta que concretiza o direito ao contraditório, atendendo a um claro propósito de interesse público, na medida em que faz valer a legalidade e, paralelamente, previne um processo executivo fadado ao insucesso, com todos os ganhos decorrentes da economia de capital humano e financeiro para a Administração Pública, razão de ser da inscrição na dívida ativa, na lição de Alberto Xavier:

> A inscrição em dívida ativa desempenha, assim, uma função garantística de representar um controle suplementar efetuado por órgão distinto do órgão de lançamento, evitando a propositura pela fazenda de Execuções indevidas, em homenagem aos princípios da reserva legal e da proteção à propriedade privada.[100]

Há, assim, um ponto de intersecção entre a transação tributária e o pedido de revisão da dívida inscrita, já que as duas figuras potencialmente afastam a necessidade da execução fiscal. O PRDI certifica a invalidade, resultando

---

administração controla a juridicidade dos seus próprios atos, impõe à autoridade competente para inscrever o crédito na dívida ativa constante vigilância da sua regularidade, mesmo quando a execução fiscal já foi ajuizada" Souza Júnior, Antonio Carlos de. *A conservação do ato irregular no direito tributário*. 1ª ed. São Paulo: Noeses, 2022, p.461.

98. Portaria PGFN Nº 33/2018
Art. 2º. O controle de legalidade dos débitos encaminhados para inscrição em dívida ativa da União constitui direito do contribuinte e dever do Procurador da Fazenda Nacional, que poderá realizá-lo a qualquer tempo, de ofício ou a requerimento do interessado.

99. Sobre o termo "cobrança indireta", vide: CONRADO, Paulo Cesar. Execução fiscal, cobrança indireta, devido processo legal e desjudicialização. Conjur, 2022. Disponível em: https://www.conjur.com.br/2022-fev-06/processo-tributario-execucao-fiscal-cobranca-indireta-devido-processo-legal-desjudicializacao

100. XAVIER, Alberto. *Do lançamento no direito tributário brasileiro*. 3ª ed. Rio de janeiro: Forense, 2005, p.398.

na retificação ou cancelamento do débito inscrito. O acordo de transação firmado, no sentido oposto, ratifica a validade do crédito tributário, dispensando o processo executivo ao disciplinar um plano de pagamento combinado.[101]

Desse modo, conquanto a transação tributária pressuponha o reconhecimento do débito por parte do contribuinte, o que pode parecer paradoxal ao objetivo do PRDI, tratam-se, em verdade, de instrumentos complementares de redução da litigiosidade e desjudicialização, que viabilizam a solução administrativa de conflitos, equalizando interesses e otimizando a atividade de cobrança.

Esses mecanismos, portanto, podem e devem ser utilizados de maneira coordenada pelo contribuinte. Se, antes da celebração da transação individual, verifica-se a necessidade de revisão de débito inscrito, o PRDI será o instrumento adequado para lapidar o passivo que se intenta transacionar, expurgando dele as ilegalidades de modo a torná-lo apto para futura inclusão em um plano de pagamento.

Preserva-se, com isso, a legalidade e isonomia entre contribuintes, dado que a transação não é meio de convalidação de obrigações que não ostentem fundamento legal.

O fator "tempo" nessas situações é muitas vezes crucial e pode inviabilizar o acordo. É que, enquanto não resolvido o PRDI, a transação individual pode ficar obstruída na regulação atual, que obriga a inclusão de todas as inscrições elegíveis, ressalvada apenas a impossibilidade econômica

---

101. "Pois é exatamente nesse sentido que a transação na cobrança se interpõe, fazendo-o de modo a atrair o consenso entre os interessados e afastar, por conseguinte, o braço de força do Judiciário. Uma cena mais simples, posto dá protagonismo a Fisco e contribuinte, além de menos traumática, posto que aloja o Judiciário em posição coadjuvante." CONRADO, Paulo Cesar; ARAÚJO, Juliana Furtado Costa. Introdução à Segunda Edição – a Lei n. 14.375/2022 e a Reafirmação do Importante Papel da Transação Tributária In: CONRADO, Paulo Cesar; e ARAÚJO, Juliana Furtado Costa (coordenadores). *Transação Tributária na Prática da Lei nº 13.988/2020*. São Paulo: Thomson Reuters Revista dos Tribunais, 2020, e-book (não paginado).

comprovada, a apresentação de garantia ou suspensão da exigibilidade.[102]

E, a despeito dos argumentos consistentes que enquadram o PRDI como marco instaurador de um "verdadeiro processo administrativo",[103] subsumindo-o à hipótese prevista no art. 151, III do CTN, a posição oficial do órgão regulador[104] é no sentido da ausência de suspensão da exigibilidade na hipótese, o que, como regra, obrigaria a inclusão

---

102. Portaria PGFN nº 6.757/2022.
Art. 16. A transação deverá abranger todas as inscrições elegíveis do sujeito passivo, sendo vedada a adesão parcial. (...)
§ 2º. Em quaisquer das modalidades de transação previstas nesta Portaria, é lícito ao sujeito passivo deixar de incluir uma ou mais inscrições no acordo, desde que garantidas, parceladas ou suspensas por decisão judicial.
§ 3º. Na transação individual é lícito ao sujeito passivo deixar de incluir uma ou mais inscrições no acordo, caso demonstre que sua situação econômica impede o equacionamento de todo o passivo elegível.

103. "Isso fica muito claro quando se constata que, diferentemente de outras alternativas concedidas pelo art. 6º – todas pressupondo, em certa medida, a assunção da exigibilidade –, o PRDI a põe (exigibilidade) em xeque, fazendo-a na instância administrativa responsável pela cobrança, de maneira a diferi-la, seja em sua forma direta (ajuizamento), seja pelas medidas descritas no art. 7º, todas reveladoras de sanções, na exata acepção que construímos alhures. E é natural que assim seja, isto é, as medidas ordinariamente tomadas após a inscrição sejam contidas: se, de todas as condutas possivelmente assumidas pelo contribuinte nos termos da Portaria, o PRDI é, como dito, a única em que se visualiza a contraposição à exigibilidade, suas derivações têm de ser, ao menos na sua pendência, reprimidas. Reforça essa conclusão o repertório de temas que, previstos no §1º do art. 15, escoariam o antagonismo expressado via PRDI – todos os fundamentos ali apontados estão a serviço da demonstração da inexigibilidade da obrigação 'revisanda', reafirmando-se, assim, o propósito subjacente ao pedido: impugnar a exação. (CONRADO, Paulo Cesar. O pedido de revisão de dívida inscrita (Portaria PGFN 33/2018) e a suspensão da exigibilidade do crédito tributário: discussões que envolvem a efetividade da cobrança do crédito tributário. In: ARAÚJO, Juliana Furtado Costa; e CONRADO, Paulo Cesar (org.). *Inovações na cobrança do crédito tributário*: de acordo com as Portarias PGFN nº 33/2018 e 360/2018. São Paulo: RT, 2019. cap. 2. p. 25-36.)

104. "Caso o pedido de revisão seja apresentado dentro desse prazo, haverá a suspensão das ações de cobrança, citadas no art. 7º da Portaria PGFN nº 33/2018. No entanto, o protocolo do pedido de revisão de dívida inscrita não suspende a exigibilidade do débito, não retira o nome do devedor do Cadin, nem da Lista de Devedores da PGFN, e não possibilita a liberação da Certidão de Regularidade Fiscal." (https://www.gov.br/pgfn/pt-br/servicos/orientacoes-contribuintes/revisao-de-divida-inscrita-prdi)

na transação de um débito cuja legalidade é controvertida em PRDI.

Por esse motivo – considerando o período demasiadamente longo para o desfecho do PRDI, especialmente quando a análise do pleito demanda manifestação de outros órgãos – a norma vigente pode embaraçar desnecessariamente a celebração de um acordo proveitoso.

A modificação do art. 16, § 3º da Portaria PGFN nº 6.757/2022 para desobrigar a inclusão na transação individual de inscrições cuja legalidade penda de definição em PRDI consistiria em aperfeiçoamento que deveria ser considerado pela autoridade reguladora, levadas em consideração essas ponderações.

É possível, ainda, que a inscrição em dívida ativa aconteça após firmado o termo. Não se poderia falar, nessa situação, de obrigatoriedade da inclusão daquele débito no acordo, restrita que está a transação individual aos débitos já inscritos no momento da celebração.[105]

A regulamentação, nesse caso, impõe que o contribuinte regularize os débitos em 90 (noventa) dias a partir da inscrição. Ocorre que o dever previsto na Portaria não se sobrepõe à legalidade. Então, o contribuinte não pode ser sancionado com a rescisão da transação individual por não ter promovido a regularização de uma inscrição que viola a lei, circunstância que também pode ser revolvida em PRDI.

Até porque não se vislumbra qualquer ganho ao interesse público na rescisão de um acordo de transação que

---

105. Embora vedada a transação individual de débito não inscrito, o contribuinte pode negociar cláusula que preveja a inclusão no plano de pagamento de débitos inscritos após a celebração do acordo com os mesmos benefícios dados aos débitos originalmente transacionados. Cita-se, nesse sentido, precedente administrativo firmado na transação individual da FAINOR - Faculdade Independente do Nordeste em recuperação judicial, cujo termo pode ser acessado em: https://www.gov.br/pgfn/pt-br/assuntos/divida-ativa-da-uniao/transparencia-fiscal-1/painel-dos-parcelamentos/termos-de-transacao/1a-regiao/termo-de-transacao-individual-fainor.pdf

vem sendo cumprido pelo contribuinte, o que gera pagamentos periódicos previstos no plano de recuperação, em razão do não adimplemento de crédito cuja legalidade é duvidosa, pois questionada em PRDI não resolvido.

A alteração do art. 5º, XI, da Portaria PGFN nº 6.757/2022[106] para liberar o contribuinte que firma transação da obrigação de regularizar débitos pendentes de análise em PRDI, nesse sentido, permitiria a continuidade da transação firmada.

Atender-se-ia, com a mudança da regulação sugerida, ao propósito de conciliar esses mecanismos, harmonizando o objetivo de controle de legalidade do PRDI com o interesse compartilhado de contribuintes e PGFN no sucesso do plano de recuperação fiscal construído no acordo de transação.

Enquanto mantida a redação atual da regulamentação, no entanto, resta ao contribuinte, que conhece os termos de transação firmados, pleitear, na negociação, que o débito cuja validade aguarda apreciação em PRDI não seja óbice ao acordo.

Com esse desiderato, poderá invocar precedentes administrativos que preveem que "a inscrição em Dívida Ativa (...) objeto de PRDI (...) será incluída na transação após a análise da RFB, se a decisão administrativa for pelo indeferimento parcial ou total", nos mesmos termos permitidos, por exemplo, na transação individual firmada pela Vetorial Siderúrgica LTDA na 3ª Região.[107]

---

106. Portaria PGFN nº 6.757/2022.
Art. 5º Sem prejuízo dos demais compromissos exigidos em Edital ou na proposta individual, em quaisquer das modalidades de transação de que trata esta Portaria, o devedor obriga-se a: (...)
XI - regularizar, no prazo de 90 (noventa) dias, os débitos que vierem a ser inscritos em dívida ativa ou que se tornarem exigíveis após a formalização do acordo de transação;

107. Transação individual da Vetorial Siderúrgica LTDA, firmada na 3ª Região, disponível em: https://www.gov.br/pgfn/pt-br/assuntos/divida-ativa-da-uniao/

Uma terceira possibilidade é a verificação da invalidade do débito inscrito após a inclusão da obrigação no acordo. Nesse cenário, dois caminhos concorrentes se formam, já que, entre as hipóteses de cabimento do PRDI, aquelas descritas no art. 5º § 1º, da Portaria PGFN 33/2018, elencam situações de mudança no estado de direito simultaneamente passíveis de reconhecimento via pacto aditivo cogente na transação, ponto já explorado neste trabalho.

A opção pelo PRDI nesses casos, cumprindo o mesmo papel do aditivo, visaria modificar a relação jurídica transacionada para refletir no plano de pagamento a exclusão da inscrição cuja invalidade vier a ser reconhecida. Em outras palavras, a decisão proferida no PRDI, ao promover o cancelamento ou retificação de um débito transacionado, repercutiria no plano de amortização desenhado na transação individual.

O problema é que, ao contrário do que está previsto para o termo aditivo, cuja ampla transparência e publicidade são legalmente impostas como forma de controle, a decisão proferida em PRDI não é sujeita a publicidade. Assim, embora possível a utilização do PRDI para excluir do passivo transacionado inscrições que tenham perdido o fundamento de validade, é preciso que a solução adotada prestigie os valores e regras atinentes à transação na qual repercutirá.

E, de fato, se o ato administrativo que regula a relação transacionada é obrigatoriamente publicado, as modificações nele advindas devem se sujeitar às mesmas formalidades.[108] Permitir alterações sigilosas no termo de transação

transparencia-fiscal-1/painel-dos-parcelamentos/termos-de-transacao/3a-regiao/TermodeTransacaoIndividualVetorialSiderurgica.pdf

108. “do chamado ‘princípio do paralelismo das formas’ (...) resulta que um ato jurídico só se modifica mediante o emprego de formas idênticas àquelas adotadas para elaborá-lo.” (BONAVIDES, Paulo. *Curso de direito constitucional*. 15. ed. São Paulo: Malheiros, 2004, p. 206.

individual, ainda que para atender à legalidade, frustraria o propósito do dever de transparência.

Somente um ato administrativo dotado de publicidade, ademais, viabilizará o controle da isonomia ao possibilitar que outros contribuintes tomem conhecimento daquela orientação administrativa. Desse modo, seja qual for o instrumento utilizado para controlar a legalidade da obrigação transacionada, PRDI ou aditivo, ele deverá ser publicado no painel das negociações[109] para que tenha a mesma visibilidade do termo.

O contribuinte dotado de uma visão sistemática, então, conceberá todos esses mecanismos como partes integrantes de um mesmo paradigma regulatório e os manejará, conforme o caso, para assegurar que uma obrigação ilegal não seja incorporada ao plano de amortização na transação individual ou que dele seja expungido, em caso de verificação superveniente da invalidade.

Agindo dessa maneira, ao mesmo tempo em que se beneficia com a redução do passivo que comporá o plano de recuperação fiscal, o contribuinte atua em conformidade com o interesse público representado pelo controle da legalidade e respeito à igualdade, objetivos que devem ser partilhados pela administração tributária.

3.2.4 A capacidade de pagamento: da igualdade estatisticamente provável à isonomia contabilmente comprovada

A definição de critérios para a determinação do grau de recuperabilidade das dívidas é uma relevante atribuição normativa transferida[110] à Administração Tributária. Com

109. O painel das negociações pode ser consultado em: https://www.gov.br/pgfn/pt-br/assuntos/divida-ativa-da-uniao/transparencia-fiscal-1/painel-dos-parcelamentos/termos-de-transacao-individual

110. "Modalidade anômala de transferência sem delegação é a deslegalização, ou

base neles, é graduado o oferecimento de descontos, a utilização de créditos de prejuízo fiscal e base de cálculo negativa da CSLL dentro das balizas da regulamentação. Essa tarefa pertence ao Procurador-Geral da Fazenda Nacional e deve considerar elementos objetivos, entre os quais a capacidade contributiva do devedor.

A figura da "capacidade de pagamento presumida" (Capag-P) surgiu na Portaria PGFN nº 6.752/2022 para atender a esse comando. O crédito será considerado irrecuperável ou de difícil recuperação quando o sujeito passivo não ostentar condição de pagar aparente ou se presentes determinadas características que indiquem baixa chance de arrecadação.[111]

Quanto mais degradada a situação econômica do contribuinte, menor a perspectiva de recuperação, abrindo-se margem para o oferecimento de descontos mais expressivos e utilização de créditos de prejuízo fiscal. Na medida em que melhora a capacidade de pagamento atribuída, é progressivamente majorado o *rating*[112] do crédito transaciona-

delegificação, pela qual as casas legislativas abrem um espaço normativo, quase sempre de natureza técnica, em que elas se demitem da função de criar certas normas legais para que outros entes, públicos ou privados, o façam, sob os limites e controles por elas estabelecidos, no exercício da competência implícita no caput do art. 48 da Constituição. Eduardo Garcia de Enterría, para afastar doutrinariamente confusão entre a deslegalização e a delegação receptícia, aponta que nesta hipótese, da simples delegação, a norma delegada tem força de lei – lei delegada, ao passo que naquela hipótese, da deslegalização, a norma deslegalizada tem natureza administrativa ou regulamentar. Por outro lado, a norma que institui a delegação receptícia, esgota sua eficácia apenas com seu exercício normativo pelo delegado, ao passo que a norma deslegalizadora, dispondo que certas matérias serão mais adequadamente tratadas por órgãos específicos (sejam públicos ou privados), será eficaz enquanto o legislador que a instituiu não a revogue." (MOREIRA NETO, Diogo de Figueiredo. *Curso de direito administrativo*: parte introdutória, parte geral e parte especial. 16ª ed. Rio de Janeiro: Forense, 2014, p. 92)

111. O artigo 25 da Portaria PGFN nº 6757/2022 elenca as hipóteses de irrecuperabilidade presumida.

112. "Expressão em inglês utilizada no mercado financeiro para a qualificação de títulos transacionados no mercado" (SANDRONI, Paulo. Novíssimo dicionário de economia. 1ª edição. São Paulo: Best Seller. 1999, p. 61. Disponível em:https://www2.fct.unesp.br/docentes/geo/magaldi/GEO_ECONOMICA_2019/

do, reduzindo-se ou mesmo eliminando-se a possibilidade de serem ofertados abatimentos e utilizados créditos no plano de quitação.[113]

Essa opção tem um claro sentido. A concessão de desconto excessivo – incidente sobre valor recuperável – representaria desnecessária disposição do crédito público. Por outro lado, tampouco atenderia ao propósito da norma um desconto insuficiente, que não viabilize um plano de pagamento factível.

A legitimidade da benesse está na efetiva adequação à necessidade concreta. O objetivo declarado da transação, afinal, é viabilizar a recuperação econômica do contribuinte em dificuldade sem descuidar do equilíbrio da arrecadação. A justa medida do benefício previsto no plano de pagamento, portanto, será aquela que atende ao cumprimento dessa finalidade.

A concessão de facilidades e benefícios, por conseguinte, não é arbitrária. A transação é instrumento por meio da qual se reforça a justiça fiscal e prestigia a capacidade contributiva, funcionando o princípio da igualdade como

---

dicionario-de-economia-sandroni.pdf). Embora o direito de crédito passível de transação tributária não seja, no atual sistema jurídico, sujeito a negociação em mercado, é possível avaliar e classificar o risco de recebimento em função de diversos fatores, sendo a condição econômica do devedor a mais proeminente.

113. "É por meio da aferição da CAPAG do devedor que o Fisco identifica duas categorias de débitos – os de difícil recuperação e os irrecuperáveis – e os coloca no objeto da transação. Não por outra razão que as duas
principais vantagens da transação previstas no art. 8º da Portaria PGFN nº 6.757/2022 estão restritas aos créditos classificados como irrecuperáveis (rating D) ou de difícil recuperação (rating C), cujos contribuintes não têm capacidade de pagamento. Da mesma forma, todas as demais concessões previstas no art. 8º serão sopesadas e graduadas conforme a CAPAG do contribuinte." (PINHO, Mariana Corrêa de Andrade. Capacidade de pagamento como expressão do princípio da igualdade na transação tributária. In: CONRADO, Paulo Cesar; ARAUJO, Juliana Furtado Costa. (coordenadores). Transação Tributária na Prática da Lei nº 13.988/2020. São Paulo: Thomson Reuters Revista dos Tribunais, 2020, e-book (não paginado).

um limitador de juízos administrativos de oportunidade e conveniência.

Esse exercício de calibração não é uma tarefa trivial. Longe disso. Informações prestadas às autoridades fiscais[114] são utilizadas para, mediante uma análise de regressão estatística,[115] estimar o quanto se obteria daquele contribuinte na hipótese de uma execução judicial. O regulador, valendo-se do parâmetro estabelecido para o parcelamento ordinário,[116]delimitou em 5 (cinco) anos o período relevante para a estimação dessa grandeza.[117] Essa é definição da capacidade de pagamento presumida (Capag-P).

A Capag-P, assim, é produto de uma equação matemática cujas variáveis preditoras,[118] conquanto não tenham

---

114. Portaria PGFN nº 6.757/2022
Art. 20. A situação econômica dos contribuintes será mensurada a partir da verificação das informações cadastrais, patrimoniais ou econômico-fiscais prestadas à Administração Tributária Federal ou aos demais órgãos da Administração Pública.

115. "A análise de regressão é o método mais importante da econometria. Sempre é interessante conhecer os efeitos que algumas variáveis exercem, ou que parecem exercer, sobre outras. Mesmo que não exista relação causal entre as variáveis podemos relaciona-las por meio de uma expressão matemática, que pode ser útil para se estimar o valor de uma das variáveis quando conhecemos os valores das outras (estas de mais fácil obtenção ou antecessoras da primeira no tempo), sob determinadas condições." (HOFFMANN, Rodolfo. Análise de regressão: uma introdução à econometria. Portal de Livros Abertos da Universidade de São Paulo (USP). 5ª ed. Piracicaba: HUCITEC. 2016, p.1. disponível em: https://www.esalq.usp.br/biblioteca/sites/default/files/Analise_Regress%C3%A3o.pdf)

116. Lei nº 10.522/2002
Art. 10. Os débitos de qualquer natureza para com a Fazenda Nacional poderão ser parcelados em até sessenta parcelas mensais, a exclusivo critério da autoridade fazendária, na forma e condições previstas nesta Lei.

117. Portaria PGFN Nº 6757/2022
Art. 21. A capacidade de pagamento será uniforme no âmbito da Administração Tributária Federal, decorre da situação econômica do contribuinte e será calculada de forma a estimar se o sujeito passivo possui condições de efetuar o pagamento integral dos débitos, no prazo de 5 (cinco) anos, sem descontos.

118. "Um dos objetivos da análise de regressão é desenvolver uma equação que permita ao investigador estimar respostas para valores dados de variáveis preditoras." (GAZOLA, Sebastião. Construção de um modelo de regressão para avaliação de imóveis. 2002. 104 f. Dissertação (Mestrado em Engenharia de Produção),

entre si relação causal, aparentam exercer influência sobre a condição econômica, patrimonial e financeira dos contribuintes:

> A capacidade de pagamento é um valor numérico, expresso em R$ (reais), que estima o valor que determinado contribuinte poderia pagar, em um cenário de execução judicial e no prazo de cinco anos, para a quitação do seu passivo fiscal. É o critério previsto em lei e utilizado pela Procuradoria-Geral da Fazenda Nacional (PGFN) para conceder benefícios em negociações – como descontos e/ou prazo alongado para pagamento. Esse critério está previsto na Portaria PGFN n. 6757, de 2022. (...)
>
> A PGFN estima a capacidade de pagamento com base na situação econômica do contribuinte. Para isso, irá verificar as informações cadastrais, patrimoniais e econômico-fiscais do contribuinte perante a Administração Tributária Federal e os demais órgãos da administração pública. Além disso, poderá ser solicitada informações adicionais no momento da adesão à negociação ou durante a vigência do acordo. Esse valor estimado é denominado "Capacidade de Pagamento Presumida" (Capag-P) e é obtido mediante o uso de técnicas estatísticas, com base nas informações disponíveis nas bases de dados do Governo Federal.[119]

A capacidade de pagamento presumida funciona como uma espécie de abstrativização da capacidade contributiva subjetiva no momento da proposta.[120] Ela afirma entre

---

Universidade Federal de Santa Catarina, 2002, p. 32, disponível em: https://core.ac.uk/download/pdf/30363542.pdf)

119. BRASIL. Procuradoria-geral da fazenda nacional. Orientações de serviços aos contribuintes Consultar a capacidade de pagamento. Disponível em: https://www.gov.br/pgfn/pt-br/servicos/orientacoes-contribuintes/consultar-a-capacidade-de-pagamento.

120. "Diversamente, a capacidade contributiva relativa ou subjetiva – como a própria designação indica – reporta-se a um sujeito individualmente considerado. Expressa aquela aptidão de contribuir na medida das possibilidades econômicas de determinada pessoa. Nesse plano, presente a capacidade contributiva in concreto, aquele potencial sujeito passivo torna-se efetivo, apto, pois, a absorver o impacto tributário. Nessa outra acepção, a capacidade contributiva opera, desse modo, como critério de graduação do imposto e limite à tributação." (COSTA. Regina Helena. Imposto de renda e capacidade contributiva, in: Revista CEJ/Conselho da Justiça Federal, Centro de Estudos Judiciários, Brasília, n. 22, p. 25-30, jul./set. 2003, p.

os contribuintes uma igualdade estatisticamente provável. É uma presunção relativa que uniformiza a atuação administrativa, assegurando que partirá do mesmo conjunto de informações para aferir o grau de recuperabilidade do passivo transacionado, sem privilégios ou discriminações.

Esse modelo traz a vantagem de automatizar uma tarefa que, de outra forma, demandaria capital humano qualificado. É uma medida de praticabilidade que cria uma economia de escala[121] capaz de massificar a solução transacionada ao mesmo tempo em que preserva um nível satisfatório de individualidade para a maior parte dos acordos celebrados.

Não se pode olvidar, a despeito de todos os méritos, que a Capag-P é uma estimativa e pode não se materializar. Outras informações relevantes, cuja avaliação e consideração modificaria a conclusão, são voluntariamente excluídas ou involuntariamente ignoradas.

Essa é uma constatação inescapável. Nenhum modelo, por mais bem projetado, é infalível. Seja por necessidade de simplificação, dificuldade de mensuração ou mesmo indisponibilidade, não há como ponderar a influência de todos os aspectos do mundo em um sistema estatístico de previsões:

> É comum, entretanto, que a variável dependente seja afetada por outros fatores, além dos considerados no modelo adotado. (...) por vários motivos (não disponibilidade dos valores,

---

27. Disponível em: https://revistacej.cjf.jus.br/cej/index.php/revcej/article/view/560/740)

121. "Produção de bens em larga escala, com vistas a uma considerável redução nos custos. Também chamadas de economias internas, as economias de escala resultam da racionalização intensiva da atividade produtiva, graças ao empenho sistemático de novos engenhos tecnológicos e de processos avançados de automação, organização e especialização do trabalho." (SANDRONI, Paulo. Novíssimo dicionário de economia. 1ª edição. São Paulo: Best Seller. 1999, p. 190. Disponível em:https://www2.fct.unesp.br/docentes/geo/magaldi/GEO_ECONOMICA_2019/dicionario-de-economia-sandroni.pdf)

> impossibilidade de mensuração, para simplificar a análise etc.) não consideramos a influência das variáveis (...).[122]

Esse grau de incerteza inerente a qualquer método estatístico torna a Capag-P permanentemente suscetível a aprimoramentos,[123] como, de fato, muitos já foram implementados. A primeira fórmula que se tem registro, por exemplo, considerava dados como o valor da massa salarial e o total pago apenas em documentos de arrecadação federal (DARF), variáveis que sequer são contempladas no formato vigente:[124]

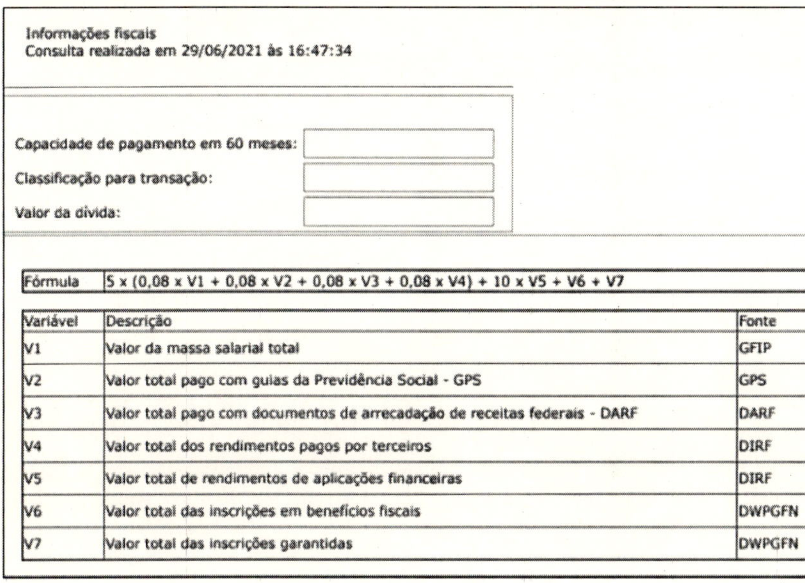

Informações fiscais
Consulta realizada em 29/06/2021 às 16:47:34

Capacidade de pagamento em 60 meses:
Classificação para transação:
Valor da dívida:

Fórmula	5 x (0,08 x V1 + 0,08 x V2 + 0,08 x V3 + 0,08 x V4) + 10 x V5 + V6 + V7

Variável	Descrição	Fonte
V1	Valor da massa salarial total	GFIP
V2	Valor total pago com guias da Previdência Social - GPS	GPS
V3	Valor total pago com documentos de arrecadação de receitas federais - DARF	DARF
V4	Valor total dos rendimentos pagos por terceiros	DIRF
V5	Valor total de rendimentos de aplicações financeiras	DIRF
V6	Valor total das inscrições em benefícios fiscais	DWPGFN
V7	Valor total das inscrições garantidas	DWPGFN

122. HOFFMANN, Rodolfo. Análise de regressão: uma introdução à econometria. Portal de Livros Abertos da Universidade de São Paulo (USP). 5ª ed. Piracicaba: HUCITEC. 2016, p.2. Disponível em: https://www.esalq.usp.br/biblioteca/sites/default/files/Analise_Regress%C3%A3o.pdf)

123. A Portaria PGFN Nº 5.718/2022 instituiu um grupo permanente de trabalho para classificação dos créditos inscritos na dívida ativa da união.

124. A imagem foi retirada da consulta ao REGULARIZE realizada em 29/06/2021 e representa a fórmula da Capag-P vigente naquele momento. As informações do contribuinte, que constavam na imagem original, foram apagadas digitalmente para preservar o sigilo fiscal da empresa.

A Capag-P atualmente em vigor é muito mais sofisticada e guarda pouca semelhança com a forma inaugural. Ela é segmentada de acordo com o perfil coletivo dos contribuintes em 5 grupos,[125] para cada um dos quais variam as informações reputadas estatisticamente relevantes,[126] conforme pode ser consultado no *site* da PGFN.

Dos dois aspectos até aqui descritos – a escolha das variáveis que compõem a Capag-P e a dinamicidade que a caracteriza – decorre a possibilidade de que tratamentos desiguais sejam conferidos a contribuintes. É possível que as informações que explicam a condição econômico-financeira de uma classe não revelem a do indivíduo que a integra ou até que acordos sejam submetidos a métodos de estimação diferentes.

A "igualdade provável", estabelecida pela presunção estaticamente fundamentada, aceita a desigualdade residual como pressuposto. Esse risco não diminui a utilidade da Capag-P, mas serve de alerta para que não se impute a ela a resolução do problema da isonomia material, que não se predispõe a solucionar.

A igualdade substancial da transação, por conseguinte, pressupõe que refutar a capacidade presumida de pagamento seja ao menos uma possibilidade. Fosse absoluta a presunção, estar-se-ia puramente substituindo o desconto previsto em lei por aquele resultante da fórmula infralegal. Embora com um pouco mais de densidade, essa ainda seria uma solução muito mais identificada com a igualdade

125. Para fins de determinação da capacidade de pagamento presumida, os contribuintes são divididos nos seguintes grupos: Grupo 1 - Pessoa física; Grupo 2 - Pessoa jurídica ativa, não optante do Simples Nacional; Grupo 3 - Pessoa jurídica ativa, optante do Simples Nacional; Grupo 4 - MEI – Microempreendedor Individual Grupo 5 - Pessoas jurídicas inativas (nula, baixadas, suspensas e inaptas);

126. As fórmulas da Capag-P, para cada um dos grupos, podem ser consultadas em: https://www.gov.br/pgfn/pt-br/servicos/orientacoes-contribuintes/consultar-a-capacidade-de-pagamento

formal que marca o parcelamento especial, em desprestígio a valores almejados pelo novo paradigma.[127]

A possibilidade de ilidir a presunção, por todas essas razões, é parte central do sistema desenhado pelo regulador. Trata-se do pedido de revisão cujo escopo é obter a capacidade de pagamento efetiva (Capag-E). Ela também representa o valor que se espera auferir na hipótese da execução judicial, com a diferença que esse *quantum* é estimado estaticamente na Capag-P e demonstrado contabilmente na Capag-E.

Sendo a Capag-P no momento da proposta uma medida definida pelo Poder Público, exclusivamente ao sujeito

---

127. "O benefício do parcelamento é objetivo, linear, homogêneo e desligado dos aspectos individualizados de cada contribuinte ou crédito parcelado. Dá-se um tratamento idêntico, mesmo diante de situações distintas. Perceba-se aqui um ponto interessante: o parcelamento é, ele mesmo, negociação a respeito de crédito tributário. Os tão conhecidos e genericamente denominados refis já ocorriam de forma regular em nossa ordem jurídica. Nada mais são senão uma possibilidade de negociação promovida no âmbito político com relação a créditos públicos devidos e não pagos. Por outro lado, a transação tributária, em face de seu caráter negocial, permite melhor análise e adequação à situação específica de cada contribuinte. Favorece a isonomia material e abre espaço para que o próprio contribuinte busque o fisco com o escopo de solucionar de maneira autocompositiva a sua situação. A comparação reflete bem a distinção de um ponto de vista interessante. O parcelamento protege a isonomia formal. A lei prevê tratamento indistinto para todos aqueles que objetivamente preencham os requisitos legais. Todos fazem jus às mesmas condições, independentemente de sua situação pessoal, v.g., capacidade de pagamento, natureza do crédito (se tributário ou não), tempo da inscrição etc. Por fim, o benefício é oferecido àquele que precisa dele para manter sua atividade e também àquele que não precisa, pois possui ampla capacidade contributiva. Trocando em miúdos, o parcelamento possibilita que aqueles que podem recolher regularmente não o façam, ao passo que quem precisa de um tratamento materialmente isonômico sofre com limitações que não permitem sua adesão e a recuperação de sua capacidade econômica. A transação reflete o prestígio da isonomia material. Ao autorizar à Fazenda Pública dispor sobre matéria tributária, o espectro de negociação permite que a autocomposição seja adequada à realidade de cada um dos contribuintes. Leva-se em conta a capacidade de pagamento, a natureza do crédito, o tempo de inscrição etc. Há aqui um forte caráter de justiça fiscal, de auxílio aos que efetivamente precisam de apoio em momentos de crise. Adapta-se a convenção à capacidade contributiva de cada um dos contribuintes, oferecendo possibilidade de recuperação àqueles que não conseguem arcar com suas obrigações em dia." (AVELINO, Murilo Teixeira; PEIXOTO, Ravi de Medeiros. Transação tributária: novo paradigma da autocomposição a partir da Lei nº 13.988/2020. Revista de Informação Legislativa: RIL, Brasília, DF, v. 59, n. 233, p. 63-64, jan./mar. 2022. Disponível em: https://www12.senado.leg.br/ril/edicoes/59/233/ril_v59_n233_p61.pdf)

passivo cabe a iniciativa de contestá-la.[128] Isso tem uma repercussão pragmaticamente relevante. Eventuais mutações nessa grandeza verificadas após a proposição do acordo não podem prejudicar o contribuinte, já que não cabe à Administração Tributária abandonar o critério que ela própria construiu e normativamente se obrigou a aceitar.[129]

Escolhido pelo contribuinte o caminho da revisão, no entanto, não se discute a fórmula da Capag-P ou a aplicabilidade de quaisquer de suas variáveis, ressalvado apontamento de erros materiais. Não há sentido em admitir a substituição do modelo presunção proposto na norma por outro sugerido pelo particular. Se a Capag-P apresentada pela Administração não for apropriada ao caso, e isso é sempre uma possibilidade, nada garante que a almejada pelo contribuinte seja mais fidedigna.

O contribuinte que requer revisão afirma que a presunção não reflete a própria realidade, razão pela qual pede que a situação concreta seja analisada individualmente. Em termos sistêmicos, a capacidade de pagamento efetiva rechaçará a igualdade provável em benefício da isonomia contabilmente comprovada sempre que o modelo estatístico não se mostrar adequado.

---

128. Portaria PGFN nº 6.757/2022.
Art. 27. O sujeito passivo poderá apresentar pedido de revisão quanto à sua capacidade de pagamento.

129. "Isso significa que o contribuinte poderá ser intimado a prestar informações de que o Fisco ainda não dispõe, antes ou durante a execução do acordo. Neste último caso – intimação para prestar informações durante a execução do acordo – parece-nos que tais informações podem apenas importar na revisão da CAPAG para menos, de modo a aumentar as vantagens do acordo. Do contrário (as informações prestadas importando em diminuição das vantagens), haveria violação à segurança jurídica que deve nortear as relações entre Fisco e contribuinte." (PINHO, Mariana Corrêa de Andrade. Capacidade de pagamento como expressão do princípio da igualdade na transação tributária. In: CONRADO, Paulo Cesar; ARAÚJO, Juliana Furtado Costa. (coordenadores). *Transação tributária na prática da Lei nº 13.988/2020*. São Paulo: Thomson Reuters Revista dos Tribunais, 2020, e-book (não paginado).

A capacidade efetiva de pagamento, portanto, é o abandono de qualquer método estatístico. Renuncia-se à presunção em benefício da comprovação. E esse é um detalhe importante. O contribuinte que solicita a revisão da capacidade presumida deve estar muito bem orientado e ciente dos riscos em que incorre.

A Capag-E será aquela evidenciada pela contabilidade. Ela pode ser menor ou maior do que inicialmente se supunha. Dela pode resultar aumento ou diminuição na oferta de benefícios, já que se busca garantir que eles não sejam negados a quem efetivamente precisa ou concedidos a quem deles não necessita. Não há direito subjetivo a uma revisão favorável.

As demonstrações contábeis constituem a base da avaliação administrativa na revisão da capacidade de pagamento. Elas são o meio de prova legalmente idôneo[130] para representar a posição patrimonial, financeira e o desempenho econômico do contribuinte[131] e podem ajudar a "prever

130. Decreto-lei nº 1.598/77.
Art. 9º. A determinação do lucro real pelo contribuinte está sujeita a verificação pela autoridade tributária, com base no exame de livros e documentos da sua escrituração, na escrituração de outros contribuintes, em informação ou esclarecimentos do contribuinte ou de terceiros, ou em qualquer outro elemento de prova.
§ 1º. A escrituração mantida com observância das disposições legais faz prova a favor do contribuinte dos fatos nela registrados e comprovados por documentos hábeis, segundo sua natureza, ou assim definidos em preceitos legais.
(...)
Lei nº 10.406/2002
Art. 226. Os livros e fichas dos empresários e sociedades provam contra as pessoas a que pertencem, e, em seu favor, quando, escriturados sem vício extrínseco ou intrínseco, forem confirmados por outros subsídios.

131.Pronunciamento Técnico CPC 26 (R1)
9. As demonstrações contábeis são uma representação estruturada da posição patrimonial e financeira e do desempenho da entidade. O objetivo das demonstrações contábeis é o de proporcionar informação acerca da posição patrimonial e financeira, do desempenho e dos fluxos de caixa da entidade que seja útil a um grande número de usuários em suas avaliações e tomada de decisões econômicas. As demonstrações contábeis também objetivam apresentar os resultados da atuação da administração, em face de seus deveres e responsabilidades na gestão diligente dos recursos que lhe foram confiados. Para satisfazer a esse objetivo, as demonstrações contábeis proporcionam informação da entidade acerca do seguinte:

os futuros fluxos de caixa da entidade e, em particular, a época e o grau de certeza de sua geração".[132]

Estando de acordo com a disciplina contábil, pressupõe-se adequado o conteúdo nelas constante,[133] devendo-se presumir a boa-fé em relação às informações prestadas, sem prejuízo da eventual necessidade de alteração das estimativas contábeis[134] durante o procedimento de revisão.[135]

A realidade do contribuinte, no entanto, frequentemente apresentará complexidades não materializadas nas

---

(a) ativos; (b) passivos; (c) patrimônio líquido; (d) receitas e despesas, incluindo ganhos e perdas; (e) alterações no capital próprio mediante integralizações dos proprietários e distribuições a eles; e (f) fluxos de caixa.

132. Pronunciamento Técnico CPC 26 (R1)
9. Essas informações, juntamente com outras informações constantes das notas explicativas, ajudam os usuários das demonstrações contábeis a prever os futuros fluxos de caixa da entidade e, em particular, a época e o grau de certeza de sua geração.

133. Pronunciamento Técnico CPC 26 (R1)
15. As demonstrações contábeis devem representar apropriadamente a posição financeira e patrimonial, o desempenho e os fluxos de caixa da entidade. Para apresentação adequada, é necessária a representação fidedigna dos efeitos das transações, outros eventos e condições de acordo com as definições e critérios de reconhecimento para ativos, passivos, receitas e despesas como estabelecidos no CPC 00 – Estrutura Conceitual para Relatório Financeiro. Presume-se que a aplicação dos pronunciamentos técnicos, interpretações e orientações do CPC, com divulgação adicional quando necessária, resulta em demonstrações contábeis que se enquadram como representação apropriada.

134. Pronunciamento Técnico CPC 23
5. (...) as estimativas contábeis são montantes monetários nas demonstrações contábeis que estão sujeitas a incerteza de mensuração

135. "As estimativas são parte essencial do processo de mensuração contábil, já que a incerteza é uma característica inerente à atuação das empresas e à dinâmica de mercado. Com isso, muitos itens da posição patrimonial da entidade não são mensurados com precisão, mas sim com utilização de estimativas confiáveis, como, por exemplo: perdas estimadas para créditos de liquidação duvidosa; previsões para obrigações decorrentes de garantias; determinação da vida útil econômica de ativos depreciáveis, valor justo de ativos ou passivos financeiros etc. As estimativas contábeis podem necessitar de revisão à medida que se alteram as circunstâncias em que foram realizadas tais estimativas, aumente o nível de experiencia e/ou informações adicionais ficam disponíveis." (IUDÍCIBUS, Sérgio; MARTINS, Eliseu; GELBCKE, Ernesto Rubens; DOS SANTOS, Ariovaldo. Manual de contabilidade societária: aplicável a todas as sociedades de acordo com as normas internacionais e do CPC. São Paulo: Atlas, 2010, p. 471)

declarações e que não podem ser enxergadas a partir das informações de conhecimento prévio da autoridade administrativa.

A colaboração do interessado, munindo a agente público com as necessárias explicações, torna-se imprescindível para o sucesso desse processo. Todos os elementos relevantes podem ser apresentados, ainda que não elencados no rol da Portaria PGFN nº 6.752/2022 e mesmo que se encontrem fora das demonstrações contábeis.[136]

Construir um prognóstico plausível quanto à capacidade econômica e financeira em um período tão longo quanto 5 (cinco) anos, como se pretende na revisão da Capag-P, será sempre um grande desafio repleto de incertezas.[137] Alguns exemplos podem elucidar essa dificuldade.

---

136. Pronunciamento Técnico CPC 26 (R1)
13. Muitas entidades apresentam, fora das demonstrações contábeis, comentários da administração que descrevem e explicam as características principais do desempenho e da posição financeira e patrimonial da entidade e as principais incertezas às quais está sujeita. Esse relatório pode incluir a análise:
(a) dos principais fatores e influências que determinam o desempenho, incluindo alterações no ambiente em que a entidade opera, a resposta da entidade a essas alterações e o seu efeito e a política de investimento da entidade para manter e melhorar o desempenho, incluindo a sua política de dividendos;
(b) das fontes de financiamento da entidade e a respectiva relação pretendida entre passivos e o patrimônio líquido; e
(c) dos recursos da entidade não reconhecidos nas demonstrações contábeis de acordo com os Pronunciamentos Técnicos, Interpretações e Orientações do CPC.

137. Pronunciamento Técnico CPC 26 (R1)
126. Definir os montantes de alguns ativos e passivos exige a estimativa dos efeitos de eventos futuros incertos sobre esses ativos e passivos ao término do período de reporte. Por exemplo, na ausência de preços de mercado recentemente observados, passam a ser necessárias estimativas orientadas para o futuro para mensurar o valor recuperável de ativos do imobilizado, o efeito da obsolescência tecnológica nos estoques, provisões sujeitas ao futuro resultado de litígio em curso e passivos de longo prazo de benefícios a empregados, tais como obrigações de pensão. Essas estimativas envolvem pressupostos sobre esses assuntos, como o risco associado aos fluxos de caixa ou taxas de desconto, futuras alterações em salários e futuras alterações nos preços que afetam outros custos.
127. Os pressupostos e outras principais fontes da incerteza das estimativas divulgados de acordo com o item 125 relacionam-se com as estimativas cujos julgamentos são os mais difíceis de serem feitos por parte da administração, subjetivos ou mesmo complexos. À medida em que o número de variáveis e pressupostos que afetam a possível futura solução das incertezas aumenta, esses julgamentos

A autoridade administrativa deve ter cautela para que a determinação da Capag-E leve em consideração as necessidades operacionais da empresa, de modo a não prejudicar o pressuposto da continuidade[138] sobre o qual a contabilidade é elaborada.[139]

Ao se debruçar sobre o balanço patrimonial do contribuinte,[140] a autoridade fiscal precisa atentar para que bens e direitos afetados à atividade operacional não sejam considerados na determinação da capacidade de pagamento efetiva. É que, sob pena de frustrar os objetivos da transação,[141] eles não poderão ser liquidados como contra-

---

tornam-se mais subjetivos e complexos, aumentando, por consequência, a probabilidade de ajuste material nos valores contábeis de ativos e passivos.

138. Pronunciamento Técnico CPC 00 (R2)
3.9 As demonstrações contábeis são normalmente elaboradas com base na suposição de que a entidade que reporta está em continuidade operacional e continuará em operação no futuro previsível. Assim, presume-se que a entidade não tem a intenção nem a necessidade de entrar em liquidação ou deixar de negociar. Se existe essa intenção ou necessidade, as demonstrações contábeis podem ter que ser elaboradas em base diferente. Em caso afirmativo, as demonstrações contábeis descrevem a base utilizada.

139. Pronunciamento Técnico CPC 26 (R1)
25. Quando da elaboração das demonstrações contábeis, a administração deve fazer a avaliação da capacidade da entidade continuar em operação no futuro previsível. As demonstrações contábeis devem ser elaboradas no pressuposto da continuidade, a menos que a administração tenha intenção de liquidar a entidade ou cessar seus negócios, ou ainda não possua uma alternativa realista senão a descontinuidade de suas atividades. Quando a administração tiver ciência, ao fazer a sua avaliação, de incertezas relevantes relacionadas com eventos ou condições que possam lançar dúvidas significativas acerca da capacidade da entidade continuar em operação no futuro previsível, essas incertezas devem ser divulgadas. Quando as demonstrações contábeis não forem elaboradas no pressuposto da continuidade, esse fato deve ser divulgado, juntamente com as bases sobre as quais as demonstrações contábeis foram elaboradas e a razão pela qual não se pressupõe a continuidade da entidade.

140. Pronunciamento Técnico CPC 26 (R1)
54. O balanço patrimonial deve apresentar, respeitada a legislação, as seguintes contas: (...)

141. Portaria PGFN nº 6.757/2022
Art. 3º São objetivos da transação na cobrança da dívida ativa da União e do FGTS:
I - viabilizar a superação da situação transitória de crise econômico-financeira do sujeito passivo, a fim de permitir a manutenção da fonte produtora e do emprego dos trabalhadores, promovendo, assim, a preservação da empresa, sua função social e o estímulo à atividade econômica; (...)

partida à geração de recursos necessários ao pagamento do tributo transacionado.

Os ativos carentes de liquidez[142] (ex. direitos creditórios com vencimento no longo prazo), no mesmo sentido, não devem impactar positivamente o grau de recuperabilidade. Eles, por restrições contratuais ou legais, não serão convertidos em dinheiro para fazer frente ao passivo fiscal transacionado.

Deve-se excluir da aferição da Capag-E, por outro lado, os passivos cuja previsão de liquidação exceda o horizonte relevante de tempo (ex. obrigações a pagar no longo prazo), aumentando-se, por consequência, a perspectiva de recuperabilidade do crédito e, com isso, reduzindo-se a margem para concessão de descontos e utilização do prejuízo no bojo da transação.[143]

A influência de ativos e passivos de longo prazo na capacidade de pagamento do contribuinte pode, em situações específicas, ser objeto de negociação prévia à assinatura do termo de transação. Isso se aplica, especialmente, quando a relação jurídica subjacente a tais direitos e obrigações permitir ao contribuinte a antecipação da conversão dos ativos em recursos financeiros ou a antecipação

---

V - assegurar aos contribuintes em dificuldades financeiras nova chance para retomada do cumprimento voluntário das obrigações tributárias e fundiárias correntes.

142. Pronunciamento Técnico CPC 26 (R1)
58. A entidade deve julgar a adequação da apresentação de contas adicionais separadamente com base na avaliação:
(a) da natureza e liquidez dos ativos;
(b) da função dos ativos na entidade; e
(c) dos montantes, natureza e prazo dos passivos.

143. Pronunciamento Técnico CPC 26 (R1)
65. A informação acerca das datas previstas para a realização de ativos e para a liquidação de passivos é útil na avaliação da liquidez e solvência da entidade. (...) A informação sobre a data esperada para a recuperação e liquidação de ativos e de passivos não monetários, tais como estoques e provisões, é também útil, qualquer que seja a classificação desses ativos e passivos como circulantes ou não circulantes. Por exemplo, a entidade deve divulgar o montante de estoques que se espera seja recuperado após doze meses da data do balanço.

da liquidação dos passivos em desembolso de caixa, dentro do horizonte temporal considerado relevante para a análise da capacidade de pagamento.

Nessas hipóteses, embora inicialmente essas relações não exercessem influência à aferição da Capag-E, a negociação com a autoridade administrativa modifica essa expectativa, tornando-as relevantes para a determinação da recuperabilidade do crédito transacionado.

Assim – notadamente quando verificar transações com partes relacionadas[144] – nada obsta que a autoridade administrativa analise os contratos que formalizam essas relações jurídicas. Pode ser incluído no termo de transação, caso viável, o compromisso de o contribuinte de antecipar as entradas e saídas de caixa correlatas para dentro do período utilizado como referência para a aferição da capacidade de pagamento.

Do ponto de vista patrimonial, em síntese, são relevantes para a determinação da Capag-E os ativos[145] que, não fosse o acordo, seriam submetidos à execução forçada. Os bens e direitos, para essa finalidade, devem ser mensurados pelo valor que a Fazenda Nacional razoavelmente acredita que obteria com a expropriação, o que não necessariamente se confundirá com o registrado no balanço patrimonial do contribuinte.[146]

---

144. Pronunciamento Técnico CPC 05 (R1)
5. Os relacionamentos com partes relacionadas são uma característica normal do comércio e dos negócios. Por exemplo, as entidades realizam frequentemente parte das suas atividades por meio de controladas, empreendimentos controlados em conjunto (joint ventures) e coligadas. Nessas circunstâncias, a entidade tem a capacidade de afetar as políticas financeiras e operacionais da investida por meio de controle pleno, controle compartilhado ou influência significativa.

145. Pronunciamento Técnico CPC 00 (R2)
4.3 Ativo é um recurso econômico presente controlado pela entidade como resultado de eventos passados.

146. Pronunciamento Técnico CPC 00 (R2)
6.1 Os elementos reconhecidos nas demonstrações contábeis são quantificados em termos monetários. Isso exige a seleção de uma base de mensuração. A base de mensuração é uma característica identificada – por exemplo, custo histórico, valor justo ou valor de cumprimento – de item sendo mensurado. Aplicar a base de

Aspectos financeiros, além do patrimônio, também exercem influência direta na aferição da Capag-E, tornando-a ainda mais complexa. Isso justifica a exigência de apresentação da "Demonstração do Fluxo Líquido de Caixa dos 2 (dois) últimos exercícios e do exercício em curso"[147] no procedimento de revisão.[148]

A autoridade fiscal precisa entender como a atividade produtiva gera caixa e quais são as necessidades de consumo associadas. As "informações históricas dos fluxos de caixa são (...) utilizadas como indicador do montante, época de ocorrência e grau de certeza dos fluxos de caixa futuros",[149] tornando possível estimar a sobra de recursos financeiros capazes de serem utilizados para o pagamento do crédito tributário transacionado.[150]

---

mensuração a ativo ou passivo cria uma mensuração para esse ativo ou passivo e para as respectivas receitas e despesas.

147. Portaria PGFN nº 6.757/2022
Art. 30. O pedido de revisão, em qualquer caso, deverá ser apresentado exclusivamente pelo REGULARIZE da Procuradoria-Geral da Fazenda Nacional, indicar o valor da capacidade de pagamento estimada pelo próprio contribuinte acompanhado da metodologia de cálculo e documentos que sustentem suas alegações, dentre os quais, se for o caso:
I - laudo técnico firmado por profissional habilitado, bem como do Balanço Patrimonial, da Demonstração de Resultados e da Demonstração do Fluxo Líquido de Caixa dos 2 (dois) últimos exercícios e do exercício em curso;

148. Pronunciamento Técnico CPC 03 (R2)
6. Fluxos de caixa são as entradas e saídas de caixa e equivalentes de caixa.
Atividades operacionais são as principais atividades geradoras de receita da entidade e outras atividades que não são de investimento e tampouco de financiamento.
Atividades de investimento são os referentes à aquisição e à venda de ativos de longo prazo e de outros investimentos não incluídos nos equivalentes de caixa.
Atividades de financiamento são aquelas que resultam em mudanças no tamanho e na composição do capital próprio e no capital de terceiros da entidade.

149. Pronunciamento Técnico CPC 03 (R2)
5. Informações históricas dos fluxos de caixa são frequentemente utilizadas como indicador do montante, época de ocorrência e grau de certeza dos fluxos de caixa futuros. Também são úteis para averiguar a exatidão das estimativas passadas dos fluxos de caixa futuros, assim como para examinar a relação entre lucratividade e fluxos de caixa líquidos e o impacto das mudanças de preços.

150. Pronunciamento Técnico CPC 03 (R2)

O regulador foi muito sensível a esse aspecto. Preocupou-se com o fluxo "líquido" de caixa ao longo de vários períodos sucessivos. A aferição da Capag-E, portanto, deve considerar a potencial geração de caixa sistemática no tempo e não comprometer os recursos necessários à manutenção das atividades econômicas, inclusive os necessários ao pagamento de tributos correntes, sem o qual a própria transação seria proibida pela regulamentação.

Eventos não recorrentes, que tenham gerado receitas ou despesas cuja repetição não é razoável esperar,[151] não devem impactar a aferição da capacidade de pagamento (ex. ganhos financeiros oriundos de ações judiciais ou da alienação de ativos imobilizados).

A determinação da Capag-E, assim, deve ser prioritariamente influenciada pelo fluxo de caixa das atividades operacionais,[152] excluindo-se, salvo condições específicas, os derivados das atividades de investimento[153] (ex. aquisi-

---

Informações sobre o fluxo de caixa de uma entidade são úteis para proporcionar aos usuários das demonstrações contábeis uma base para avaliar a capacidade de a entidade gerar caixa e equivalentes de caixa, bem como as necessidades da entidade de utilização desses fluxos de caixa. As decisões econômicas que são tomadas pelos usuários exigem avaliação da capacidade de a entidade gerar caixa e equivalentes de caixa, bem como da época de sua ocorrência e do grau de certeza de sua geração.

151. Pronunciamento Técnico CPC 26 (R1)
101. As despesas devem ser subclassificadas a fim de destacar componentes do desempenho que possam diferir em termos de frequência, potencial de ganho ou de perda e previsibilidade.

152. Pronunciamento Técnico CPC 03 (R2)
51. A divulgação separada dos fluxos de caixa que representam aumentos na capacidade operacional e dos fluxos de caixa que são necessários para manter a capacidade operacional é útil ao permitir ao usuário determinar se a entidade está investindo adequadamente na manutenção de sua capacidade operacional. A entidade que não investe adequadamente na manutenção de sua capacidade operacional pode estar prejudicando a futura lucratividade em favor da liquidez corrente e da distribuição de lucros aos proprietários.

153. Pronunciamento Técnico CPC 03 (R2)
16. A divulgação em separado dos fluxos de caixa advindos das atividades de investimento é importante em função de tais fluxos de caixa representarem a extensão em que os dispêndios de recursos são feitos pela entidade com a finalidade de gerar

ções ou alienações de participações societárias) ou de financiamento[154] (ex. captação ou amortização de empréstimos), que tendem a não ser repetir.[155]

---

lucros e fluxos de caixa no futuro. Somente desembolsos que resultam em ativo reconhecido nas demonstrações contábeis são passíveis de classificação como atividades de investimento.
Exemplos de fluxos de caixa advindos das atividades de investimento são:
(a) pagamentos em caixa para aquisição de ativo imobilizado, intangíveis e outros ativos de longo prazo. Esses pagamentos incluem aqueles relacionados aos custos de desenvolvimento ativados e aos ativos imobilizados de construção própria;
(b) recebimentos de caixa resultantes da venda de ativo imobilizado, intangíveis e outros ativos de longo prazo;
(c) pagamentos em caixa para aquisição de instrumentos patrimoniais ou instrumentos de dívida de outras entidades e participações societárias em joint ventures (exceto aqueles pagamentos referentes a títulos considerados como equivalentes de caixa ou aqueles mantidos para negociação imediata ou futura);
(d) recebimentos de caixa provenientes da venda de instrumentos patrimoniais ou instrumentos de dívida de outras entidades e participações societárias em joint ventures (exceto aqueles recebimentos referentes aos títulos considerados como equivalentes de caixa e aqueles mantidos para negociação imediata ou futura);
(e) adiantamentos em caixa e empréstimos feitos a terceiros (exceto aqueles adiantamentos e empréstimos feitos por instituição financeira);
(f) recebimentos de caixa pela liquidação de adiantamentos ou amortização de empréstimos concedidos a terceiros (exceto aqueles adiantamentos e empréstimos de instituição financeira);
(g) pagamentos em caixa por contratos futuros, a termo, de opção e swap, exceto quando tais contratos forem mantidos para negociação imediata ou futura, ou os pagamentos forem classificados como atividades de financiamento; e
(h) recebimentos de caixa por contratos futuros, a termo, de opção e swap, exceto quando tais contratos forem mantidos para negociação imediata ou venda futura, ou os recebimentos forem classificados como atividades de financiamento.

154. Pronunciamento Técnico CPC 03 (R2)
17. A divulgação separada dos fluxos de caixa advindos das atividades de financiamento é importante por ser útil na predição de exigências de fluxos futuros de caixa por parte de fornecedores de capital à entidade. Exemplos de fluxos de caixa advindos das atividades de financiamento são:
(a) caixa recebido pela emissão de ações ou outros instrumentos patrimoniais;
(b) pagamentos em caixa a investidores para adquirir ou resgatar ações da entidade;
(c) caixa recebido pela emissão de debêntures, empréstimos, notas promissórias, outros títulos de dívida, hipotecas e outros empréstimos de curto e longo prazos;
(d) amortização de empréstimos e financiamentos; e
(e) pagamentos em caixa pelo arrendatário para redução do passivo relativo a arrendamento.

155. Pronunciamento Técnico CPC 03 (R2)
Atividades operacionais são as principais atividades geradoras de receita da entida-

A avaliação das informações contábeis de períodos distintos, cuja apresentação é uma exigência da norma contábil,[156] pode fornecer indicativos de recorrência relevantes para a definição da Capag-E. Isto é, dado o propósito de apurar a potencial geração de resultados futuros, a análise horizontal[157] é uma técnica contábil que pode ser útil, já que "a comparabilidade de informação entre períodos (...) permite avaliar as tendências na informação financeira para finalidades de previsão".[158]

Em resumo – enquanto o aspecto patrimonial da Capag-E considera os ativos suscetíveis de expropriação no momento presente – sob o enfoque financeiro, interessam as entradas e saídas de recursos em caixa no futuro, o que

de e outras atividades que não são de investimento e tampouco de financiamento. Atividades de investimento são os referentes à aquisição e à venda de ativos de longo prazo e de outros investimentos não incluídos nos equivalentes de caixa. Atividades de financiamento são aquelas que resultam em mudanças no tamanho e na composição do capital próprio e no capital de terceiros da entidade.

156. Pronunciamento Técnico CPC 26 (R1)
38A. A entidade deve apresentar como informação mínima dois balanços patrimoniais, duas demonstrações do resultado e do resultado abrangente, duas demonstrações do resultado (se apresentadas separadamente), duas demonstrações dos fluxos de caixa, duas demonstrações das mutações do patrimônio líquido e duas demonstrações do valor adicionado (se apresentadas), bem como as respectivas notas explicativas.

157."a análise horizontal é um processo de estudo que permite identificar as variações e evolução nos elementos das demonstrações contábeis ao longo de determinado intervalo de tempo. A grande importância dessa técnica é bem clara: permite que se analise a tendência passada e futura de cada valor contábil" (ASSAF NETO, Alexandre. Estrutura e análise de balanços: um enfoque econômico-financeiro, 8ª ed. São Paulo: Atlas, 2007)

158. Pronunciamento Técnico CPC 26 (R1)
43. Aperfeiçoar a comparabilidade de informação entre períodos ajuda os usuários a tomar decisões econômicas, sobretudo porque lhes permite avaliar as tendências na informação financeira para finalidades de previsão. Em algumas circunstâncias torna-se impraticável reclassificar a informação comparativa para um período anterior para obter a comparabilidade com o período corrente. Por exemplo, podem não ter sido coletados os dados necessários para a apresentação comparativa do período anterior com o período corrente, de modo a permitir a reclassificação e, consequentemente, pode não ser praticável reconstruir essa informação.

embute grau adicional de incerteza e complexidade ao processo de revisão.

A determinação da Capag-E, como se observa, envolve variáveis sujeitas a julgamentos, condições e imprevisibilidades. Questões tormentosas circundarão esse processo. Controvérsias impossíveis de se antever e cujo debate não seria viável reduzir a um texto certamente surgirão.

O estabelecimento da capacidade de pagamento efetiva, por tudo o que foi aqui apresentado, é, simultaneamente, parte crucial da igualdade preconizada na transação e um ponto com grande potencial de conflituosidade.

O Contribuinte que reputar arbitrário o tratamento administrativo o questionará no Poder Judiciário. A insurgência, nesses casos, voltar-se-ia contra a capacidade de pagamento a ele concretamente atribuída, de modo que a fórmula da Capag-P seria uma abstração irrelevante para essa pretensão.

Isso estabelece um litígio de perfil complexo e custoso, cuja matéria controvertida tende a ser essencialmente probatória e técnica. É certamente algo que um sistema de resolução consensual de conflitos deveria evitar. Um procedimento de revisão eficiente e bem estruturado, por todos esses aspectos, deve ser objeto de especial devoção por parte da Administração Tributária.

A autoridade administrativa designada para essa função precisará ter sensibilidade para compreender a atividade econômica. Uma habilidade que vai muito além do conhecimento jurídico. A análise cuidadosa dos elementos probatórios, a ponderação honesta de todos os argumentos, uma decisão bem fundamentada – que revele tendências realistas sobre desempenho futuro do contribuinte – são imprescindíveis para garantir a isonomia possível, preservar a legalidade e minimizar o risco de que litígios difíceis sejam levados ao Poder Judiciário.

3.2.5 Perfil do contribuinte

Embora o acordo de transação individual seja construído essencialmente em função da situação particular de cada contribuinte, características coletivas moldam o regime jurídico aplicável à concessão de benefícios também nessa seara.

Isso porque a legislação regulamentadora estabelece regras específicas para transações que envolvam determinados perfis de contribuinte, como é o caso das sociedades cooperativas, instituições de ensino ou Santas Casas de Misericórdia, além de outros.

Há, para certos grupos, ampliação na possibilidade de benefícios, viabilizando-se descontos que podem chegar a 70% (setenta por cento) e concessão de prazo de pagamento de até 145 (cento e quarenta e cinco) meses, em contraposição ao limite de redução de 65% (sessenta e cinco por cento) e período 120 (cento e vinte) meses aplicado aos demais contribuintes.

Esse tratamento mais amigável – com exceção das empresas em recuperação judicial, cuja ampliação dos benefícios se restringe ao desconto – privilegia contribuintes que, em geral, não se enquadrariam no perfil daqueles que buscam a transação individual, cujo acesso é mais restrito pelo volume mínimo do débito transacionado, normalmente incompatível com empresas de pequeno porte ou pessoas físicas, por exemplo.

A questão, no entanto, apresenta relevância prática para a transação individual ao se observar atentamente os acordos formalizados. É que, já no momento da proposta, exige-se do interessado, usualmente uma pessoa jurídica de maior porte, que qualifique sócios, gestores e empresas que integram o mesmo grupo econômico.[159]

---

159. Portaria PGFN nº 6.757/2022:

E não é incomum que o acordo resulte em reconhecimento de grupo econômico de fato com atribuição de responsabilidade solidária pelo passivo transacionado a pessoas físicas, normalmente sócios ou administradores, o que pode ser verificado em diversos termos já publicados.[160]

Essa ampliação subjetiva e negociada da responsabilidade, do ponto de vista da administração fiscal, é bastante interessante porque maximiza as garantias relacionadas ao cumprimento do acordo, o que possivelmente explica o emprego recorrente desse expediente na transação individual.

A assunção de responsabilidade por uma pessoa física, por outro lado, pode também ser vantajosa para o particular, já que a transação do grupo pode reduzir a capacidade de pagamento atribuída e envolver contribuinte beneficiado pelo tratamento especial, viabilizando a aplicação do regime legal de benefícios mais favorecido.

Nessas situações, a pessoa natural que assumir a responsabilidade solidária pelo passivo transacionado deve pleitear a aplicação do regime jurídico mais benéfico em contrapartida e, com esse objetivo, pode invocar precedentes administrativos que autorizam a aplicação do regime legal das pessoas físicas a débitos originalmente inscritos em nome de pessoa jurídica, como, ilustrativamente, ocorreu na transação individual do grupo "Boi Bom" firmada na 1ª Região.[161]

Art. 50. A proposta de transação individual formulada pelo devedor deverá conter: I - qualificação completa do requerente e, tratando-se de pessoa jurídica, de seus sócios, controladores, administradores, gestores, representantes legais, e empresas integram o mesmo grupo econômico;

160. Pode-se citar como exemplos de casos nos quais houve reconhecimento de grupo econômico de fato, as transações individuais dos grupos afinidade, Disbrave, Via Empreendimentos Imobiliários, Galois, EMSA - Empresa Sul Americana de Montagens. Todos os termos de transação individual podem ser acessados em: https://www.gov.br/pgfn/pt-br/assuntos/divida-ativa-da-uniao/transparencia-fiscal-1/painel-dos-parcelamentos/termos-de-transacao-individual

161. Transação individual do Boi Bom, firmado na 1ª Região, disponível em: https://www.gov.br/pgfn/pt-br/assuntos/divida-ativa-da-uniao/transparencia-fiscal-1/pai-

O contribuinte que atuar com essa diligência, sob a boa justificativa de prestigiar a isonomia, beneficiar-se-á da aplicação do regime jurídico mais favorável, porquanto a pessoa natural que aceita responsabilidade solidária pelo débito deve ser tratada de acordo com as regras específicas aplicáveis a todas as outras que integram a mesma categoria, o que nem sempre se tem observado na realidade prática.[162]

nel-dos-parcelamentos/termos-de-transacao/1a-regiao/termo-de-transacao-individual-boi-bom

162. Na transação do grupo Grupo JBR de Comunicação, firmada na 1ª Região, foi concedido "desconto máximo possível de 65%" nas exatas palavras do plano de quitação. Ocorre que, conforme consta no termo, houve reconhecimento de grupo econômico de fato, passando a transação a envolver pessoa natural, que assumiu responsabilidade solidária por todo o passivo sem qualquer ressalva. O contribuinte pessoa natural que se torna devedor da integralidade do crédito transacionado poderia pleitear que o limite máximo de desconto fosse ampliado para 70%, nos termos do art. 15, §1º, I da Portaria PGFN nº 6757/2022. O referido termo de transação pode ser consultado em: https://www.gov.br/pgfn/pt-br/assuntos/divida-ativa-da-uniao/transparencia-fiscal-1/painel-dos-parcelamentos/termos-de-transacao/1a-regiao/TermoTransaoIndividualGrupoJBrdeComunicaoJornaldeBraslia.pdf

4. CONTROLE JURISDICIONAL DA TRANSAÇÃO INDIVIDUAL

4.1 Discricionariedade não é a antítese de vinculação

Os conceitos jurídicos de "vinculação" e "discricionariedade" são tradicionalmente apresentados como antagônicos. A presença de um implicaria a ausência do outro. Se a autoridade administrativa está plenamente adstrita à lei, carente de liberdade decisória, estar-se-ia diante de hipótese de vinculação. Quando a prática do ato é passível de juízos de conveniência e oportunidade legalmente admitidos ou havendo conceitos legais imprecisos a serem objeto de intelecção administrativa, tratar-se-ia de um poder discricionário:

> É clássica a distinção entre atos expedidos no exercício de competência vinculada e atos praticados no desempenho de competência discricionária. Sobre este tema já se verteram rios de tinta. Haveria atuação vinculada e, portanto, um poder vinculado, quando a norma a ser cumprida já predetermina e de modo completo qual o único comportamento que o administrador estará obrigado a tomar perante casos concretos cuja compostura esteja descrita, pela lei, em termos que não ensejam dúvida alguma quanto ao seu objetivo reconhecimento. Opostamente, haveria atuação discricionária quando, em decorrência do modo pelo qual o Direito regulou a atuação administrativa, resulta para o administrador um campo de liberdade em cujo interior cabe

> interferência de uma apreciação subjetiva sua quanto à maneira de proceder nos casos concretos, assistindo-lhe, então, sobre eles prover na conformidade de uma intelecção, cujo acerto seja irredutível à objetividade e ou segundo critérios de conveniência e oportunidade administrativa. Diz-se, em tais casos, a Administração dispõe de um "poder" discricionário.[163]

O controle externo da discricionariedade administrativa, pautado nessa separação rígida, foi sempre um assunto delicado. A doutrina da imunidade jurisdicional do mérito[164] exerceu grande influência no direito brasileiro desde antes do início do período republicano[165], quando a Lei nº 221/1894, que organizou a Justiça Federal, vedou aos juízes apreciar a conveniência e oportunidade de atos administrativos, limitando o controle do poder discricionário à razão da incompetência ou excesso de poder.

---

163. BANDEIRA DE MELLO, Celso Antônio. *Discricionariedade e controle jurisdicional.* 2. ed. 2ª tiragem. São Paulo: Malheiros, 1996, p.9.

164. "Foi no direito italiano que se desenvolveu a doutrina referente ao mérito do ato administrativo, que acabou por influenciar os juristas brasileiros. Estes, ao cuidar do tema da discricionariedade, em regra, o relacionam com o mérito. (...) Corresponde o mérito a uma qualidade típica do ato administrativo (porque não se encontra no ato de direito privado ou é nele irrelevante) e que diz respeito à sua conveniência, utilidade adequação aos fins de interesse público, gerais e especiais, que se pretendem alcançar com a prática do ato. (...) Em geral, se relaciona o mérito com o poder discricionário. Por outras palavras, sempre que a Administração possa apreciar e valorar subjetivamente o interesse público, tem-se poder discricionário, incontrolável pelo Poder Judiciário, correspondendo à zona do mérito." (DI PIETRO, Maria Sylvia Zanella. Discricionariedade Administrativa na Constituição de 1988. São Paulo: Atlas, 2012, 2ª ed. p. 124-125)

165. "Apesar de a separação dos Poderes também contemplar a interação entre Executivo e Moderador, este princípio foi endereçado acima de tudo às relações envolvendo o Judiciário. Ocorre que a principal utilidade prática do princípio da separação de Poderes no Império não foi conter a atuação do Imperador, mas sim delimitar a Justiça Administrativa. Em consonância com a centralidade da figura do Imperador marcada pela projeção do Poder Moderador, foi acatada na prática a teoria da insindicabilidade do mérito administrativo, segundo a qual seria defesa a revisão judicial das decisões de oportunidade e conveniência tomadas pela Administração (mérito)" (PALMA, Juliana Bonacorsi de. Atividade Normativa da Administração Pública. Estudo do Processo Administrativo Normativo. Tese (Doutorado em Direito) Faculdade de Direito da Universidade de São Paulo, 2014, p. 36.)

Tratava-se de um momento histórico no qual – como resultado de uma ponderação conflituosa entre os princípios da vedação ao arbítrio e da separação dos poderes – o espaço de poder discricionário da Administração era prestigiado em detrimento da amplitude do controle jurisdicional,[166] nas palavras de Marcos Augusto Perez:

> Dito de outro modo, como o direito brasileiro tem buscado resolver o dilema de conciliar ou ponderar os princípios da vedação ao arbítrio, que incorpora a necessidade de controle sobre o exercício do poder discricionário pelas autoridades administrativas; da ampla acessibilidade ao controle jurisdicional, de modo que a qualquer interessado seja facultado o direito de buscar no Judiciário a reversão de situação ilegal ou abusiva; e os princípios democráticos e da separação de poderes, que facultam às autoridades eleitas democraticamente o comando da Administração?
>
> No direito brasileiro, a teoria mais longeva que buscou realizar a conciliação desses valores e dar resposta às questões enunciadas é a da imunidade jurisdicional do mérito do ato discricionário. Para essa teoria, ao atuar discricionariamente, a Administração realizaria um juízo de conveniência e oportunidade que corresponderia ao mérito da decisão administrativa, cuja revisão jurisdicional estaria vedada pelo ordenamento.
>
> Em outras palavras, o controle jurisdicional do ato administrativo discricionário repousaria preponderantemente sobre os chamados elementos externos de legalidade: a competência e a forma, deixando de lado aspectos relacionados com a ponderação dos fatos, valores ou interesses que determinariam, em cotejo com as finalidades legais, a conveniência e a oportunidade de uma determinada decisão.[167]

---

166. "Por isso, há razões de ordem material para a existência da discricionariedade, que resulta de uma 'abertura normativa', quando a lei confere ao administrador uma margem de liberdade para constituir o Direito no caso concreto. Nessa órbita de livre decisão prevalece sua avaliação e vontade, que é, via de regra, não ou pouco sindicável pelos tribunais." (KRELL, Andreas Joachim. Discricionaridade administrativa, conceitos jurídicos indeterminados e controle judicial. Revista Esmafe: Escola de Magistratura Federal da 5ª Região, Recife, n. 8, p. 177-224, dez. 2004, p. 180. Disponível em:https://bdjur.stj.jus.br/jspui/bitstream/2011/27203/discricionariedade_administrativa_conceitos_juridicos..pdf)

167. PEREZ, Marcos Augusto. *O controle jurisdicional da discricionariedade administrativa*: métodos para uma jurisdição ampla das decisões administrativas. Tese (Livre Docência) – Universidade de São Paulo, 2018, p. 95-96.

Acontece que o papel da legalidade, enquanto limite à atividade da administração, comporta argumentos e ponderações[168] que, em cada caso e momento, podem levar a caminhos distinto.[169] E, com o processo de redemocratização que culminou na Constituição Federal de 1988, um reequilíbrio no tratamento desses valores ganhou corpo na doutrina.

Não apenas a lei em sentido formal, mas o Direito amplamente considerado – o que inclui os princípios constitucionais e os precedentes judiciais e administrativos – tornou-se parte integrante da ideia de legalidade, formando um bloco de juridicidade que amplia o controle do poder administrativo.[170]

---

168. "E, também, por conviver entre os fogos da autoridade e do direito dos particulares é que se pode dizer que o Direito Administrativo oscila entre a legalidade (delimitação do poder político dentro de marcos legais em privilégio dos direitos dos particulares) e a discricionariedade (avantajamento da efetivação do poder político a partir da outorga de margem de autodefinição dos limites de atuação do poder político). Quanto mais caminhamos no sentido desta última, mais longe estaremos da primeira." (MARQUES NETO, Floriano de Azevedo. Regulação Estatal e Interesses Públicos. São Paulo: Malheiros, 2002, p. 96-97)

169. Só que o perfil mais concreto que a legalidade deve ter, em cada época e situação, é algo muito polêmico entre os formuladores de teorias sobre o Estado, entre os juristas e entre os práticos. Assim, por exemplo, quem quer valorizar o Legislativo frente ao Executivo tende a defender a legalidade quase como uma reserva total da lei, de modo que praticamente todas as normas teriam de vir do Legislativo; quem é favorável à existência de uma ampla regulação econômica feita pelo Estado, que precisa ser ágil e dinâmica, tende a defender um poder normativo mais amplo para a Administração, reservando-se à lei apenas decisões substantivas (uma reserva do básico para a lei). De outro lado, os que defendem o máximo fortalecimento do poder dos juízes frente aos administradores públicos têm uma visão maximalista de Direito, isto é, tendem a encontrar na Constituição, nas leis e nos princípios – especialmente em suas fórmulas mais abertas e indeterminadas – condicionamentos ao exercício da atividade administrativa que outros ao veem. Com isso, pretendem limitar a liberdade dos administradores. (SUNDFELD, Carlos Ari. *Direito administrativo para céticos*. São Paulo: Malheiros, 2012, p. 40.)

170. "Existe hoje uma tendência irreprimível a considerar que a Administração Pública está vinculada antes ao Direito do que propriamente à lei. Juristas eminentes chegam até mesmo a tirar do princípio da legalidade a conclusão da inexistência de poder discricionário, pois os atos que os expressam estão, como os demais atos administrativos, destinados à realização do interesse público e acham-se conformados por esse fim, ficando, pois, sempre aberta não só a possibilidade de sindicar a existência de interesse público, como também se a providência concretamente adotada é que mais adequadamente o atende. Descontando os exageros que creio existir na negação de uma área de discrição administrativa e de um poder reconhecido ao

A realidade, ao mesmo tempo, mostra-se muito mais complexa do que as definições poderiam fazer supor, impondo-se o reconhecimento definitivo de que vinculação e discricionariedade despontam como conceitos imbricados, não mais antagônicos.

A ideia de decisões administrativas que alternam entre a vinculação total e a discricionariedade plena, muito empregada para fins didáticos, passa a evidenciar, assim, um mito que não existe no mundo real,[171] como ressalta Andreas Joachim Krell:

> A decisão administrativa oscila entre os polos da plena vinculação e da plena discricionariedade. Esses extremos, no entanto,

---

agente de eleger, dentro dos limites da lei, os meios que lhe pareçam mais aptos a alcançar os objetivos de utilidade pública perseguidos, essas atuais tendências estão a evidenciar, quando menos, a preocupação em revigorar o princípio, diante das ameaças e das efetivas restrições sofridas em razão do crescimento do Estado contemporâneo." (SILVA, Almiro do Couto e. Princípios da legalidade da Administração Pública e de segurança jurídica no Estado de Direito contemporâneo, in: *Revista da Procuradoria-Geral do Estado do Rio Grande do Sul*, Porto Alegre, v. 18, n. 46, p. 11-29, jun. 1988, p. 20. Disponível em: https://bdjur.stj.jus.br/jspui/bitstream/2011/132335/principios_legalidade_administracao_silva_RPGE_1988.pdf)

171. "Na definição clássica de Michoud, há poder discricionário sempre que uma autoridade age livremente, sem que uma norma de direito determine, previamente, a conduta a seguir. Quando a lei estabelece, desde logo, o modo de agir, cessa a esfera discricionária. O procedimento administrativo está vinculado à determinação legal. Não cabe à administração a faculdade de optar pela ação ou abstenção, por êsse ou aquêle método de execução. Cumpre-lhe, apenas, reproduzir materialmente o conteúdo do ato legislativo. Se, no entanto, a lei não particularizou a conduta administrativa, ou se lhe possibilitou alternativa, subsistirá o poder discricionário. A competência vinculada seria, por esta forma, o oposto à competência discricionária. Seriam entidades antinômicas, a se repelirem pela incompatibilidade conceitual: onde houvesse vinculação, estaria expulsa a discrição; onde esta se formulasse, aquela seria repelida. A experiência evidencia, porém, a inanidade dessas concepções extremas. Se raros são os atos totalmente vinculados, jamais se poderá conceber um ato inteiramente discricionário. Maurice Hauriou, condensando a tendência que Laferriere já delineava na jurisprudência do Conselho de Estado, desde 1872, anotou: "há atos em que a questão da oportunidade tem importância maior do que em outros, mas não há atos onde, ao lado da questão de oportunidade, não se possam erguer questões de legalidade". Lopez Rodó indicou, há pouco, que o poder discricionário, como os metais, não se encontra quimicamente puro." (TÁCITO, Caio. A administração e o controle de legalidade. *Revista De Direito Administrativo*, 37, 1954, p.4. disponível em: https://periodicos.fgv.br/rda/article/view/13995/12876)

> quase não existem na prática; a intensidade vinculatória depende da densidade mandamental dos diferentes tipos de termos linguísticos utilizados pela respectiva lei. A qualificação de um ato administrativo como "plenamente vinculado" – ainda comum na doutrina e jurisprudência do Brasil parece remontar aos equívocos da Escola da Exegese, que pregava que normas legais "serviriam de prontuários repletos e não lacunosos para dar solução aos casos concretos, cabendo ao aplicador um papel subalterno de automatamente (sic) aplicar os comandos prévios e exteriores de sua vontade". [172]

Por maior o cuidado do legislador na escolha dos termos empregados nos códigos ou mais intenso o desejo de constranger a atuação do agente público, a incidência não é um fenômeno naturalístico. Ela não ocorre automática e infalivelmente.[173] A lei "é incidida" pela intervenção[174] e

172. "(KRELL, Andreas Joachim. Discricionaridade administrativa, conceitos jurídicos indeterminados e controle judicial. Revista Esmafe: Escola de Magistratura Federal da 5ª Região, Recife, n. 8, p. 177-224, dez. 2004, p. 185. Disponível em: https://bdjur.stj.jus.br/jspui/bitstream/2011/27203/discricionariedade_administrativa_conceitos_juridicos..pdf)

173. Em sentido contrário, para quem a incidência da regra jurídica é automática e infalível, PONTES DE MIRANDA, Francisco Cavalcante: "Que é, então, a incidencia da lei? (...). À custa de muito esfôrço investigativo, mas, principalmente, à custa de muito desbatamento de obscuras dissertações, chegou a ciência, singelamente, à descrição do que se passa com as regras jurídicas, diferenciando-as das outras regras sociais: se aquilo que a regra jurídica prevê se compõe, no mundo dos fatos, incide ela, qualificando como fato jurídico aquilo que foi previsto e se compôs. (...) O processo social de adaptação, a que se chama direito, consiste exatamente em edição de regras jurídicas tais que, ocorrendo os suportes fácticos, elas incidam necessariamente. Ninguém pode impedir a incidência das regras jurídicas, porque ela é fatal: (...). Mas ainda: a incidência das regras jurídicas independe de que alguém, ainda que os interessados, conheçam a regra jurídica. (...) Convém que se insista em proposição tão grave e tão reveladora: a regra jurídica incide automàticamente. Nenhum dos outros processos sociais de adaptação (a religião, a moral, a arte, a política, a economia, a própria ciência) conseguiu regras com fôrça de incidência absoluta. Só o direito o conseguiu." (PONTES DE MIRANDA, Francisco Cavalcante. Incidência e Aplicação da lei. *Revista da Ordem dos Advogados de Pernambuco,* ano 01, nº 01, Recife, 1956, p. 52-53.)

174. "A ordem jurídica, com efeito, contém o ordenamento positivo, mas nele não se esgota; a par de seus preceitos, gerais e abstratos, integram-na também os atos do Poder Público que a aplicam concretamente. Os atos administrativos e judiciários que executam o direito, dito de outra forma, conformam a ordem jurídica. São, efetivamente, esses atos de aplicação que irão, em última análise, concretizar o direito, dar-lhe vida, realizar efetivamente os interesses por ele destacados e protegidos. A

escolha humanas e a relação jurídica decorre de imputação normativa,[175] não de causalidade natural.[176] Só se pode falar em automaticidade da consequência no plano normativo, havendo na concretude da aplicação da regra, portanto, sempre algum grau de liberdade e incerteza.[177]

---

aplicação do direito não é um ato puramente técnico, neutro ou mecânico; não se esgota no racional nem prescinde de valorações e estimativas. A realização da ordem jurídica se faz por atos humanos, interessados, razoavelmente aptos para impor os valores e os interesses estabelecidos pelo legislador." (MOREIRA NETO, Digo de Figueiredo. *Legitimidade e discricionariedade*: novas reflexões sobre os limites e controle da discricionariedade. 3ª ed. Rio de Janeiro: Forense, 1998. p. 56).

175. "As normas jurídicas atuam, na sociedade, segundo o princípio da imputação: dado um certo antecedente normativamente previsto, um descritor normativo (Voraussetzung), deve-se seguir um certo consequente, um prescritor normativo (Folgerung). Quer dizer: ao comportamento normativamente regulado imputa-se uma consequência juridicamente relevante. Mas a conduta juridicamente prescrita não se conformará necessariamente à previsão expressa na norma. Diversamente, as ciências naturais regem-se pelo princípio da causalidade: dada uma certa causa, seguir-se-á necessariamente um efeito." (BORGES, José Souto Maior. *Obrigação tributária:* uma introdução metodológica. 3ª ed. São Paulo: Malheiros, 2015, p. 22)

176. Por causalidade física entendemos a causalidade não normativa, seja a causalidade natural, seja causalidade sociológica. Esta compreendendo as relações que efetivamente se dão na realidade social, não as relações que se devem dar. (VILANOVA, Lourival. *Causalidade e relação no direito.* 4ª ed. São Paulo: Revista dos Tribunais, 2000, p. 61)

177. "Por si mesmo, o fato jurídico não provoca a consequência jurídica. Antes mesmo, inexiste essa perseidade jurídica do fato, que seria propriedade entre outras propriedades reais-físicas (como a cor, a dureza, a extensão, etc.) ou reais-psíquicas (como a intensidade da sensação, a motivação da vontade, ou a representação de todo ato cognoscente). O fato juridiciza-se, ingressa no conjunto do direito por incidência do dever-ser. Num corte abstrato: é mera facticidade indiferente à forma deôntica de qualificação do dever-ser. A necessidade – cabe dizer – deôntica reside em nível da proposição normativa: aqui a consequência resulta necessariamente devida pelo antecedente. Ontologicamente, o vendedor entrega de fato, ou entregará (por motivação psicológica ou sociológica) ou possivelmente não entregue a coisa alienada; deonticamente, deve entregar, está obrigado, em virtude da norma, a não se omitir do comportamento exigido. Em nível da proposição normativa, o fato tipificado como antecedente acarreta o comportamento tipificado como consequente, ainda que na ordem do real dê-se o fato concreto que corresponda ao fato típico esquematizado como fato jurídico, e o comportamento preceituado deixe de ocorrer. (...) O que a proposição implicacional normativa expressa é essa relação deôntica e não a relação real que se verifica ou não se verifica na ordem dos fatos. (VILANOVA, Lourival. *Estruturas Lógicas e o Sistema de Direito Positivo. São Paulo*: Noeses. 4ª ed., 2010, p. 77-78)

Mesmo os atos comumente tidos como "plenamente vinculados",[178] a exemplo do lançamento tributário,[179]são circundados de boa dose de discricionariedade – sabe-se, nesse sentido e por exemplo, que a lei concede à autoridade fiscal liberdade para definir o exato momento da constituição da obrigação,[180] desde que o faça dentro de um interregno (o que o CTN denomina decadência). Mas, há mais: o agente fiscalizador pode, livremente, no curso de um procedimento de fiscalização, lavrar diferentes autos de infração para tributos e períodos distintos ou congregá-los em um mesmo documento, dando origem a um ou vários processos administrativos; a Receita Federal, em uma opção legítima, é capaz de estabelecer programas de fiscalização e direcionar os recursos de que dispõe para verificação da

178. "O ato jurídico administrativo do lançamento é vinculado, significando afirmar que se coloca entre aqueles para a celebração dos quais não atua o agente com qualquer grau de subjetividade. Há de ater-se ao único e objetivo caminho que o tipo legal prescreve, não lhe sendo outorgada qualquer porção de liberdade para sopesar, avaliativamente, os dados concretos de que dispõe, decidindo sobre a conveniência e oportunidade da prática do ato." (CARVALHO, Paulo de Barros. *Curso de direito tributário.* 24ª ed. São Paulo: Saraiva, 2012, p. 469)

179. Lei nº 5.172/66
Art. 142. (...) Parágrafo único. A atividade administrativa de lançamento é vinculada e obrigatória, sob pena de responsabilidade funcional.

180. "Muitas vezes, a norma jurídica estabelece implícita ou explicitamente que o seu cumprimento depende de uma sequência de atos em que as noções de vinculação e discricionariedade se misturam, gerando a impressão de que, na verdade, há graus proporcionais de vinculação e discricionariedade. (...)
Um exemplo aclara essa reflexão: imagine o lançamento de um tributo. Nesse caso, aparentemente a vinculação é total, pois o administrador tributário não tem margem de liberdade para decidir se, uma vez ocorrido o fato gerador, o tributo deve ou não ser lançado. Mas é possível que a lei não determine exatamente o momento em que o administrador deva lançar o tributo, fixando um prazo máximo para tanto, no intermédio do qual o administrador disporá de liberdade para efetuar o lançamento. Observa-se, portanto, que em um mesmo ato hipoteticamente previsto pela lei tem-se vinculação quanto ao dever de produção do ato em si e discricionariedade quanto ao momento de sua edição. Há, simultaneamente, vinculação quanto a determinados aspectos e discricionariedade quanto a outros aspectos relacionados à edição de um mesmo ato." (PEREZ, Marcos Augusto. *O controle jurisdicional da discricionariedade administrativa*: métodos para uma jurisdição ampla das decisões administrativas. Tese (Livre Docência) – Universidade de São Paulo, 2018, p. 34-35)

regularidade de determinados tipos de operação ou perfis de contribuintes.

Lado outro, mas sempre reconfirmando-se a premissa: os conceitos relevantes para a conformação da obrigação tributária – como "renda", "mercadoria" ou "insumos" – são imprecisos, abrindo-se uma margem de discrição intelectiva pela qual construções de sentido da autoridade administrativa podem caminhar:[181]

> Em suma: muitas vezes – exatamente porque o conceito é fluido – é impossível contestar a possibilidade de conviverem intelecções diferentes, sem que, por isto, uma delas tenha de ser havida como incorreta, desde que quaisquer delas sejam igualmente razoáveis. (...) Eis porque não é aceitável a tese de que o tema dos conceitos legais fluidos é estranho ao tema da discricionariedade. Com efeito, se em determinada situação real o administrador reputar, em entendimento razoável, (isto é, comportado pela situação, ainda que outra opinião divergente fosse igualmente sustentável), que se lhe aplica o conceito normativo vago e agir nesta conformidade, não se poderá dizer que violou a lei, que transgrediu o direito. E se não violou a lei, se não lhe traiu a finalidade, é claro que terá procedido na conformidade

181. "Em todos estes casos de indeterminação, intencional ou não, do escalão inferior, oferecem-se várias possibilidades à aplicação jurídica. O ato jurídico que efetiva ou executa a norma pode ser conformado por maneira a corresponder a uma ou outra das várias significações verbais da mesma norma, por maneira a corresponder à vontade do legislador - a determinar por qualquer forma que seja - ou, então, à expressão por ele escolhida, por forma a corresponder a uma ou a outra das duas normas que se contradizem ou por forma a decidir como se as duas normas em contradição se anulassem mutuamente. O Direito a aplicar forma, em todas estas hipóteses, uma moldura dentro da qual existem várias possibilidades de aplicação, pelo que é conforme ao Direito todo ato que se mantenha dentro deste quadro ou moldura, que preencha esta moldura em qualquer sentido possível.
Se por 'interpretação' se entende a fixação por via cognoscitiva do sentido do objeto a interpretar, o resultado de uma interpretação jurídica somente pode ser a fixação da moldura que representa o Direito a interpretar e, consequentemente, o conhecimento das várias possibilidades que dentro desta moldura existem. Sendo assim, a interpretação de uma lei não deve necessariamente conduzir a uma única solução como sendo a única correta, mas possivelmente a várias soluções que - na medida em que apenas sejam aferidas pela lei a aplicar - têm igual valor, se bem que apenas uma delas se torne Direito positivo no ato do órgão aplicador do Direito - no ato do tribunal, especialmente. (KELSEN, Hans. *Teoria pura do direito*. Tradução de João Baptista Machado. 6ª ed. São Paulo: Martins Fontes, 1998, p.247.)

> do direito. Em assim sendo, evidentemente, terá procedido dentro de uma liberdade intelectiva que, in concreto, o direito lhe facultava. (...) Ora, se tal 'liberdade administrativa' e consequentes 'limites' à correção judicial, tanto como 'ausência de direito de terceiro' ante a Administração, resultam quer do uso legal de conceitos vagos, quer da possibilidade de opções de mérito ensejadas na lei, quer da concorrência destes fatores, está-se a ver que a ressonância jurídica de ambos (conceitos indeterminados e opções de mérito legalmente previstas) é perfeitamente igual na esfera do Direito. Vale dizer, tais operações mentais, intelectivas ou volitivas, repercutem indiferentemente para a composição dos mesmos efeitos jurídicos que integram o que se entende por discricionariedade. Pouco importa se a liberdade que a lei proporciona para a Administração é uma 'liberdade intelectiva' ou uma 'liberdade volitiva', porquanto, em razão de uma ou de outra, os efeitos de direito serão idênticos.[182]

A complexidade da vida, em suma, demonstra que mesmo nos assuntos submetidos à estrita reserva legal, como o caso da obrigação tributária, a discricionariedade encontrará um meio de se fazer presente.

A transação tributária, por boas razões, é pouco associada à ideia de vinculação. Ao contrário, é um terreno fértil para o exercício da discricionariedade e é preciso que assim o seja. Uma convergência de vontades que aponta para elementos concretos do caso não pode estar inteiramente apreendida por um modelo legal abstrato.[183] Um acordo com mútuas concessões só pode se materializar se

---

182. BANDEIRA DE MELLO, Celso Antônio. *Discricionariedade e controle jurisdicional*. 2. ed. 2ª tiragem. São Paulo: Malheiros, 1996, p.23-25.

183. "Pode-se afirmar que o exercício de discricionariedade significa uma ´competência para a concretização do Direito nos moldes de uma fixação finalista anterior'. O legislador sempre vai conceder um grau maior de discricionariedade onde as circunstâncias da realidade, que deve ser regulamentada, dificilmente são previsíveis, e o alcance de um determinado fim exige o exercício de conhecimentos específicos da Administração para garantir uma decisão justa e correta no caso concreto." (KRELL, Andreas Joachim. Discricionaridade administrativa, conceitos jurídicos indeterminados e controle judicial. *Revista Esmafe*: Escola de Magistratura Federal da 5ª Região, Recife, n. 8, p. 177-224, dez. 2004, p. 180-181. Disponível em:https://bdjur.stj.jus.br/jspui/bitstream/2011/27203/discricionariedade_administrativa_conceitos_juridicos..pdf)

a autoridade administrativa dispuser de margem para manobrar dentro das peculiaridades que cada situação exige.

A técnica adotada pela lei da transação confere, propositadamente, esses espaços de liberdade ao agente público. De maneira explícita, refere-se ao "juízo de oportunidade e conveniência" da autoridade administrativa[184] e a ela delega papel regulador. De forma menos evidente, mas muito importante, vale-se de conceitos jurídicos indeterminados – como interesse público, capacidade contributiva, isonomia, transparência, eficiência, publicidade e moralidade – que inspiram a função regulatória e podem justificar o exercício concreto de decisões discricionárias legítimas.[185]

A autuação discricionária, contudo, é relativa, já que, como realçado, seu conceito está embricado com o de vinculação.

Quer isso significar que não se está diante de uma liberdade autoatribuída, e sim legalmente conferida. A discrição é de ser vista, portanto e em suma, como margem para agir dentro dos limites da lei e em conformidade com os ditames do sistema jurídico.

Reafirmando esse papel, devemos lembrar, outrossim, que o poder discricionário tem natureza instrumental. As alternativas nele pressupostas têm, sobretudo, o propósito de criar condições concretas para que a autoridade administrativa persiga os objetivos abstratamente preconizados

---

184. Lei nº 13.988/2020.
Art. 1 º (...) § 1º. A União, em juízo de oportunidade e conveniência, poderá celebrar transação em quaisquer das modalidades de que trata esta Lei, sempre que, motivadamente, entender que a medida atende ao interesse público.

185. "Quanto mais a lei se utiliza de conceitos jurídicos indeterminados, cláusulas gerais ou competências abertas, mais os estamentos burocráticos adquirem margem de discricionariedade para, substituindo o primado da política, definir os conteúdos do interesse público, das finalidades coletivas ou do bem comum em nome dos quais exercitam o poder político." (MARQUES NETO, Floriano de Azevedo. *Regulação estatal e interesses públicos.* São Paulo: Malheiros, 2002, p. 95-96)

pela norma. Desvios da finalidade legal ou escolhas voltadas à satisfação de interesses pessoais nunca estarão abarcados pela competência discricionária e podem ser objeto de controle judicial.[186]

A legitimidade do ato discricionário, por conseguinte, depende de que ele caminhe no sentido do objetivo da norma e observe o bloco de legalidade. E essa demonstração precisa ser racionalmente feita pela autoridade administrativa, inclusive na transação, cujo juízo de oportunidade e conveniência é imediatamente vinculado à necessidade de motivação pela lei.

Sempre haverá, portanto, fronteiras que conformam e vinculam o exercício do poder discricionário, o que o sujeita ao controle jurisdicional, afinal, "vinculação e discricionariedade se entrelaçam", como ensina Celso Antônio Bandeira de Mello:

> É visível, outrossim, que a discricionariedade é sempre e inevitavelmente relativa. E é relativa em diversos sentidos. Veja-se: É relativa no sentido de que, em todo e qualquer caso, o administrador estará sempre cingido - não importa se mais ou menos estritamente - ao que haja sido disposto em lei, já que discrição supõe comportamento «intra legem» e não «extra legem». Neste sentido pode-se dizer que o administrador se encontra sempre e sempre» vinculado» aos ditames legais.

---

186. "Seria enganoso supor que este tipo de exame implicaria agravar a liberdade conferida pela lei ao administrador. Passa-se que a liberdade que a regra lhe enseja nada tem a ver com a autonomia da vontade, própria do direito privado, segundo a qual o sujeito age se quiser e conforme queira, contanto que não transgrida a lei. A 'liberdade' do administrador na discrição é de outra natureza, porque assentada em outros fundamentos e animada por outro escopo, visto que concerne ao exercício de uma função: a administrativa. Donde, por ser função, o que está em pauta é a irrogação de um poder a ser exercido à conta de dever e no interesse alheio; 'in casu', o da coletividade. Trata-se, pois, de um poder-dever, como muitas vezes se diz, ainda que melhor coubesse a expressão 'dever-poder', pois este último tem caráter instrumental, constituindo-se apenas e tão-somente no meio necessário para o atendimento do encargo de bem curar o interesse público." (BANDEIRA DE MELLO, Celso Antônio. "relatividade" da competência discricionária. *Revista da Faculdade de Direito de São Bernardo do Campo*, [S. l.], v. 4, 2015, p. 55. Disponível em: https://periodicos.fgv.br/rda/article/view/47165/45634)

> 4. É relativa no sentido de que, seja qual for o âmbito de liberdade conferido, só dirá respeito àqueles tópicos que a lei haja remetido à apreciação do administrador e não a outros tópicos concernentes ao ato, mas sobre os quais a norma já haja resolvido de maneira a não deixar margem para interferência do agente. (...)
>
> 5. A discricionariedade é relativa. ainda, no sentido de que, por ampla ou estrita que seja. a liberdade outorgada só pode ser exercida de maneira consonante com a busca da finalidade legal em vista da qual foi atribuída a competência. Logo. seja qual seja a extensão da liberdade resultante da regra a ser cumprida, o administrador não poderá decidir-se por motivos particulares, de favorecimento ou perseguição, que isto configuraria" desvio de poder", nem por razões de interesse público diferente daquele contemplado na regra" sub" execução, sob pena de também incidir no mencionado vício. (...)
>
> 6. A discricionariedade, também, é relativa no sentido de que a liberdade deferida pela lei só existe na extensão, medidas ou modalidades que dela resultem. (...)
>
> 7. É relativa, ademais, no sentido de que a liberdade acarretada pela circunstância de haver a lei se servido de expressões vagas, fluidas ou imprecisas não pode ser utilizada de maneira a desprender-se do campo significativo mínimo que tais palavras recobrem, isto é, das chamadas" zonas de certeza positiva" e "certeza negativa", nem do significado social imanente nas palavras legais das quais resultou tal liberdade. (...)
>
> Nota-se, pois, também neste aspecto, que vinculação e discricionariedade se entrelaçam.[187]

Assim como graus de individualidade e generalidade coexistem em todas as modalidades de transação tributária,[188] a vinculação convive com a discricionariedade predominante,[189] tornando o acordo suscetível ao controle

187. BANDEIRA DE MELLO, Celso Antônio. "relatividade" da competência discricionária. *Revista da Faculdade de Direito de São Bernardo do Campo*, [S. l.], v. 4, 2015, p. 50-52. Disponível em: https://periodicos.fgv.br/rda/article/view/47165/45634

188. As relações entre generalidade e individualidade nas modalidades de transação foi tratada em tópico específico.

189. "Na dicção de Paolo Biscaretti Di Ruffia "todas as funções do Estado" revelam-se a um só tempo "livres e vinculadas: livres porque, consideradas em seu conjunto, encabeçam todo o poder de governo soberano do Estado, e vinculadas porque

jurisdicional em algum nível, cuja consecução, porém, deve ser ponderada, sob pena de comprometer a racionalidade do instituto. Esse é o tema do tópico seguinte.

4.2 O risco e o papel da intervenção judicial

Dado que a discricionariedade na transação nunca é plena, como foi anteriormente abordado, controvérsias sobre os limites do poder discricionário eventualmente surgirão. Nesse contexto, o instituto da transação, desenhado para superar o estado de conflituosidade sem o auxílio da jurisdição, converter-se-á, ele próprio, em origem de um litígio judicial.

É possível que esses conflitos emerjam ainda na fase de negociação, previamente à assinatura do termo, o que ocorreria, por exemplo, quando um contribuinte oferece proposta de transação individual e, se for o caso, informa à autoridade administrativa sobre a necessidade preliminar de revisar o passivo[190] para adequá-lo à legalidade.

Vale dizer, como a transação não é mecanismo de convalidação de obrigações e nem modifica a natureza ou os parâmetros de controle da relação jurídica,[191] a inclusão no plano de quitação débitos ilegais não é respaldada pela discricionariedade administrativa.

Remanesce para a autoridade fiscal, portanto, o poder-dever de exercer o controle de legalidade sobre as

---

nenhum órgão pode ultrapassar os limites que lhe foram impostos", devendo exercer tal poder nas funções e modalidades "requeridas pelos correspondentes interesses públicos que deverão ser tutelados"" (MARQUES NETO, Floriano de Azevedo. *Regulação Estatal e Interesses Públicos*. São Paulo: Malheiros, 2002, p. 88)

190. A palavra "passivo" é empregada para designar o conjunto de todas as obrigações fiscais, podendo incluir diversas inscrições em dívida ativa que digam respeito a tributos e períodos de apuração diferentes.

191. A natureza da relação jurídica na transação é questão desenvolvida em tópico próprio.

inscrições na dívida ativa, ainda que o contribuinte demonstre interesse em celebrar um acordo.

Cabe ao contribuinte apontar fundamentadamente tais ilegalidades, já que, na prática, dificilmente serão percebidas de ofício. Esse é o caso propício à utilização do PRDI como mecanismo de preservação da isonomia, o qual deve ser associado à proposta de transação individual para eliminar do conjunto de débitos que se pretende transacionar aqueles incompatíveis com a ordem jurídica.[192]

A invalidade da obrigação, no entanto, não é a única restrição à liberdade do agente público passível de controle na etapa negocial: a forma de amortização também não é totalmente casuística, mesmo na modalidade individual da transação.

É plausível que o contribuinte proponha, à autoridade administrativa, um plano de quitação fundamentado, por exemplo, em precedente administrativo.[193] Havendo similitude entre os casos, o mesmo tratamento deve ser dispensado àquele particular, já que a competência discricionária não protege a arbitrariedade.[194]

Pode haver, ainda na fase negocial, outra situação de interesse: a divergência sobre a capacidade de pagamento

192. A possibilidade de manusear o pedido de revisão do débito inscrito no contexto da transação é abordada no tópico específico.

193. A questão referente aos precedentes administrativos foi desenvolvida no tópico específico da dissertação.

194. "A regra de competência não é um cheque em branco concedido ao administrador. A administração serve, especificamente, a interêsses públicos caracterizados. Não é lícito ao agente servir-se de suas atribuições para satisfazer interêsses pessoais, sectários ou político-partidários, ou mesmo a outro interêsse público que não se filie ao seu âmbito de competência. Uma autoridade sanitária deve operar somente com o fito de preservar a saúde pública. Uma autoridade policial deve atuar em benefício da ordem e da tranquilidade públicas. O poder administrativo é vinculado a um determinado interêsse público e não comporta aplicação em favor de quaisquer outros objetivos, embora louváveis e beneméritos. A discrição administrativa tem, portanto, como teto a finalidade legal da competência." (TÁCITO, Caio. A administração e o controle de legalidade. *Revista de Direito Administrativo*, 37, 1954, p.5. disponível em: https://periodicos.fgv.br/rda/article/view/13995/12876)

do particular, hipótese na qual a regulamentação administrativa limita a liberdade do agente público. Demonstrado que a capacidade de pagamento presumida não representa fidedignamente a condição econômico-financeira do contribuinte, a regulamentação administrativa impõe à autoridade pública que a apure adequadamente.

E assim também ocorrerá – encontrando a discricionariedade da função administrativa restrições – após a celebração do acordo, ou seja, quando já em curso o plano de amortização. São as situações em que a relação jurídica transacionada se torna incompatível com o sistema jurídico, o que pode ocorrer, por exemplo, pelo advento de orientação judicial vinculativa, em razão de resolução do Senado prevista no art. 52, X, da Constituição Federal ou em virtude de autoimposição da administração tributária.

A mudança no estado de direito – já que o termo de transação não é a fonte de validade da obrigação transacionada – produzirá efeitos sobre o plano de pagamento, os quais devem a ser reconhecidos, preferencialmente,[195] por pacto aditivo cogente na transação.[196]

Se todas essas arestas forem aparadas na esfera administrativa – seja através de PRDI, aditivo ou ajuste na negociação – a intervenção judicial não será necessária. Não se pode imaginar, contudo, que isso seja sempre possível. O Judiciário, eventualmente, será instado pelo interessado a intervir na transação.

O risco da intervenção judicial, por conseguinte, é inevitável e o papel que o Poder Judiciário desempenhará pode ser decisivo para o sucesso da transação tributária. É

---

195. A utilização do pedido de revisão de dívida inscrita após a formalização do termo de transação e o problema decorrente dessa opção é tema tratado no tópico relativo ao PRDI.

196. A utilização do pacto aditivo para incorporar ao plano de amortização a mudança no estado de direito é matéria do tópico próprio.

preciso ter clareza sobre o que se deve esperar da jurisdição nessas situações.

O Juiz que reconhece os efeitos de uma decisão proferida em controle abstrato de constitucionalidade sobre o plano de pagamento ou determina que uma súmula aprovada com efeito vinculante seja respeitada não se intrometerá no conteúdo do acordo.

O precedente do Supremo Tribunal Federal ou a súmula vinculante, inclusive por disposição constitucional, impõe-se à Administração Pública. O magistrado apenas deve certificar que o entendimento mandatório é pertinente ao caso concreto. À própria autoridade fiscal caberá refletir aquela realidade jurídica na transação, sobretudo no que concerne ao eventual impacto em outras cláusulas constantes no termo.[197]

Do mesmo modo, a jurisdição pode servir para a garantir a observância de uma limitação administrativa autoimposta, como a que incorpora um entendimento exarado pelo Superior Tribunal de Justiça ou a que consagra dada interpretação em súmula da administração tributária federal ou em parecer do Procurador-Geral da Fazenda Nacional.

A decisão judicial, em casos desse gênero, não avançará sobre a liberdade administrativa. Ao contrário, protegerá a vontade institucional manifestada e tida pelo Poder Público como de observância mandatória, pois não está sujeita à discricionariedade pessoal do agente público, cuja atuação na transação deve se dar no interesse da instituição.

O Juiz que impõe o respeito a um precedente administrativo, nesse mesmo sentido, não se imiscuirá na vontade da administração tributária. O precedente decorre da

---

197.A repercussão da modificação do estado de direito sobre o plano de amortização pode ser complexa. Esse tema foi explorado no tópico que trata dos pactos aditivos.

expressão concreta do exercício da discrição em um caso equiparável. Segui-lo é zelar pelo poder discricionário previamente exteriorizado pela Administração e que não é titularizado pela pessoa do agente público.

Determinar a adequada apuração da capacidade de pagamento tampouco pode ser tido como indevida ingerência judicial. A própria administração, no exercício da função reguladora, restringiu a discricionariedade negocial da autoridade administrativa nessa matéria. Prescreveu que quando a Capag-P não refletir a realidade, "a unidade responsável deverá calcular a capacidade de pagamento efetiva do contribuinte".[198]

Assim, ao estabelecer que o sujeito passivo deve instruir o pedido de revisão com determinadas demonstrações contábeis, a regulamentação cria para a autoridade administrativa o dever de analisá-las e sobre elas se manifestar. Esse percurso se sujeita ao controle jurisdicional.

A atuação judicial não substituirá o agente público na determinação do *quantum* da capacidade de pagamento, mas controlará o caminho a ser percorrido e fará valer concretamente a imposição da regulação sobre o agente público que dele se desviou ao não fundamentar a Capag-E nos elementos que o regulador reputou relevantes.

Os casos aqui descritos como viabilizadores da ação judicial têm em comum o fato de dizerem respeito à validade, ainda que em uma óptica ampliada. Essa consideração os exclui do âmbito de alcance da competência discricionária da Administração Tributária.

Esse é o limite e o espaço de atuação do Juiz na transação. Deve controlar a validade da negociação ou do

198. Portaria PGFN nº 6.757/2022.
Art. 32. Estando em ordem a documentação e as informações apresentadas, nos termos dos artigos antecedentes, a unidade responsável deverá calcular a capacidade de pagamento efetiva do contribuinte.

termo, não se tornar parte deles. É um equilíbrio delicado e difícil, mas é o que se espera da intervenção judicial. Um controle que não avilte atribuições administrativas legitimamente exercitadas.[199]

Isso acontecerá se, na perspectiva de garantidora da igualdade, a jurisdição se ativer à busca da "isonomia possível", em contraposição a qualquer idealização inalcançável. É preciso aceitar, sob o risco de inviabilizar a segurança da negociação, que um tratamento administrativo que possa ser racionalmente justificado terá atendido à isonomia como requisito de validade e estará respaldado pelos limites da discricionariedade.

O exercício parcimonioso da jurisdição parece ser o caminho que mais se coaduna com essa preocupação. Se a intervenção do Tribunal for mesmo imprescindível, ela deve se ater à resposta do caso concreto. Evitar fundamentações excessivas, que não sejam estritamente necessárias para resolver o ponto de conflito deduzido. Valer-se de argumentos menos abrangentes, preferencialmente relacionados a circunstâncias fáticas, apenas suficientes para justificar o resultado advindo.

O órgão judicial deve se atentar para não ampliar o escopo do exercício jurisdicional. Abster-se de considerações genéricas ou demasiadamente profundas e, assim, cuidar para que o conteúdo da manifestação judicial não possa ser interpretado como uma norma geral aplicável a qualquer transação, em substituição à regulação administrativa.

---

199. "O Juiz tem, primeiro, que interpretar a norma diante do caso concreto a ele submetido. Só após essa interpretação é que poderá concluir se a norma outorgou ou não diferentes opções à Administração Pública. A existência de diferentes opções válidas perante o direito afasta a possibilidade de correção do ato administrativo que tenha adotado uma delas" (DI PIETRO, Maria Sylvia Zanella. Da constitucionalização do direito administrativo: reflexos sobre o princípio da legalidade e a discricionariedade administrativa. *Revista do Conselho Federal da Ordem dos Advogados do Brasil*. Belo Horizonte, ano 2, n. 2, jan./jun. 2012. p. 11)

A atuação autocontida minimizará o efeito sistêmico da intervenção judicial, já que decisões abrangentes podem incentivar a litigância como efeito colateral. A decisão judicial que controlará a transação, desse modo, deve ter o maior grau possível de particularidade, para que não reacenda conflitos já pacificados em outros acordos.

A atitude deferente do Poder Judiciário em relação à solução construída no termo de transação – preservando-a ao máximo na hipótese de intervenção inevitável – enviará a mensagem de segurança e solidez do caminho consensual e protegerá a confiança legítima depositada no acordo celebrado por quem dele é participante.

Essa tomada de consciência pelo Poder Judiciário é fundamental para o futuro da transação tributária. Uma cultura de intervenção excessiva converteria a transação em simples etapa prévia de um contencioso judicial indesejável. Frustrar-se-ia o objetivo do instituto, justamente resolver o litígio sem a participação da jurisdição. A administração, com o tempo, tenderia a perder o interesse no desenvolvimento da transação, que não cumpriria os objetivos a que se propôs:

> Recorrentes questionamentos sobre os acordos celebrados pela Administração Pública pode comprometer a efetividade da medida concertada e, no extremo, levar à inutilidade desse instrumento. A substituição da decisão administrativa, consensual ou imperativa de negativa do consenso, pelo Judiciário ou por outra autoridade administrativa pode colocar em xeque a competência dos órgãos e entes administrativos de agir de forma concertada e gerar, assim, incentivo negativo à negociação das prerrogativas públicas. O fato é que a judicialização ou o controle procedido pela própria Administração dos acordos administrativos é contrário à lógica do consenso, que se volta a evitar ou resolver os conflitos, e não prolongá-los ou mesmo transmiti-los a outras instâncias (de controle).[200]

200.PALMA, Juliana Bonacorsi de. *Atuação administrativa consensual.* Estudo dos acordos substitutivos no processo administrativo sancionador. Dissertação (Mestrado em Direito), Faculdade de Direito da Universidade de São Paulo, 2010, p. 293.

Advogar a impossibilidade de interferência judicial, além de não ser juridicamente viável,[201] também não seria uma resposta apropriada. Se a transação se predispõe a ser alternativa à jurisdição, ela precisa ser uma opção melhor e mais eficiente. E, para isso, deve associar a resolução de disputas e a promoção de arrecadação à concretização, com o maior grau possível, dos valores empenhados na lei que a instituiu, como a isonomia e moralidade:

> Contudo, não se nega o controle da atuação administrativa consensual. Seja por força do art. 5°, inc. XXXV, da Constituição Federal, seja pela própria organização administrativa, é inafastável o controle dos atos consensuais. Além da obrigatoriedade constitucional e legal, o controle da consensualidade também se mostra relevante para a garantia da regularidade deste modo de ação administrativa, bem como da credibilidade dos acordos substitutivos na medida em que se diminuem os riscos de captura. Há que se reconhecer um formato diferente de controle dos acordos administrativos para concomitante garantia da regularidade e da efetividade da atuação administrativa consensual. A questão corresponde, portanto, saber qual é a medida do controle dos acordos que não comprometa sua eficácia.[202]

O Poder Judiciário terá uma função importante nesse tabuleiro, apesar de não ser partícipe do acordo. Atuará para barrar eventual arbítrio na transação, colaborando para o almejado aperfeiçoamento do instituto, inclusive com eventual integração à prática administrativa. E, ainda que isso represente um risco de tensionamento entre Poderes que não pode ser totalmente eliminado, é fundamental pensar e debater formas de mitigá-lo. Esse é o assunto do último tópico do livro.

---

201. Constituição Federal
Art. 5° (...) XXXV - a lei não excluirá da apreciação do Poder Judiciário lesão ou ameaça a direito;

202. PALMA, Juliana Bonacorsi de. *Atuação administrativa consensual.* Estudo dos acordos substitutivos no processo administrativo sancionador. Dissertação (Mestrado em Direito), Faculdade de Direito da Universidade de São Paulo, 2010, p. 293-294.

4.3 Por um devido processo negocial!

O termo "devido processo negocial" foi referido no parágrafo que encerra a introdução desta obra. Não é acidental, portanto, que denomine o último tópico. É preciso explicá-lo.

A expressão, como deve ter sido percebido, é uma alusão à consagrada concepção do "devido processo legal". A ideia é evocar as garantias tradicionalmente associadas aos processos contenciosos[203] sempre que houver questionamento da validade no contexto da transação, ainda que a litigiosidade que caracteriza a processualidade não seja marca do consenso.

Isso porque – afora a exigência de fundamentação da decisão que rejeita proposta de transação individual ou a atribuição de competências para revisão da Capag-P – a fase que precede a assinatura do termo não tem qualquer regramento administrativo. A etapa dinâmica de cumprimento do acordo tampouco possui normas que disciplinem a incorporação das eventuais modificações no estado de direito ao plano de pagamento, limitando-se a regulação a garantir o contraditório prévio à rescisão.

O estabelecimento de balizas – preservando a margem de liberdade e criatividade necessárias – pode colaborar para a adequação formal e material do procedimento de negociação e da execução do plano de pagamento ao

---

203. "Como analisado no item anterior, uma das origens da noção moderna do processo administrativo no Brasil está no contencioso administrativo e em sua atividade processual. O processo administrativo não seria algo totalmente desconhecido na teoria do Direito Administrativo, mas sua abrangência seria praticamente limitada à jurisdição administrativa. Com a Proclamação da República e a extinção da figura do Conselho de Estado, o processo administrativo seria relegado a uma nota de curiosidade histórica da época do Imperador. Apesar de a Administração Pública conduzir cotidianamente significativa monta de processos administrativos, o seu Capítulo de acolhida ainda seria o relativo ao contencioso administrativo." (PALMA, Juliana Bonacorsi de. Atividade Normativa da Administração Pública. Estudo do Processo Administrativo Normativo. Tese (Doutorado em Direito) Faculdade de Direito da Universidade de São Paulo, 2014, p. 119.)

Direito. Conferir-se-ia, assim, maior legitimidade à atuação administrativa, prevenindo conflitos futuros.

O objetivo deste subcapítulo não é propor como deveria se organizar esse sistema. Essa seria uma pretensão incompatível com um trabalho individual, pois exigira conhecimento profundo da estrutura administrativa disponível e demandaria uma discussão mais ampla, com o maior número de interessados, para catalogar as dificuldades vivenciadas que precisariam ser endereçadas.

A finalidade é muito mais modesta. Incitar o debate sobre a conveniência de que alguma normatização seja construída, tornando o instituto mais aderente a valores como a isonomia preconizada pela lei e, com isso, reduzindo o risco da intervenção judicial tratado no tópico anterior. Se essa tarefa for bem-sucedida, no futuro, é possível que a administração tributária seja incentivada a constituir um modelo específico e, nesse caso, este tópico terá cumprido uma missão.

Não que o vácuo normativo que atualmente caracteriza a fase de negociação na transação seja de todo negativo. Um ambiente de certa informalidade permitiu a utilização frequente de mecanismos de comunicação modernos, como aplicativos de mensagens e *e-mail*. Esse diálogo direto trouxe uma dinâmica muito interessante para a transação individual, na qual propostas e contrapropostas são debatidas de forma muito mais ágil, franca e construtiva do que permitiria a frieza de requerimentos e despachos no sistema eletrônico REGULARIZE.[204]

Uma boa regulação da negociação certamente deveria incorporar e aperfeiçoar essa aprendizagem institucional, ainda que, posteriormente, exigisse que as deliberações construídas naquele espaço informal fossem oficialmente incorporadas a um processo interno de controle.

---

204. O atendimento aos usuários dos serviços da PGFN é regulamentado na Portaria PGFN nº 838/2023.

A ausência de normatização, no entanto, também alimenta problemas. E é principalmente sobre eles que se deveria debruçar a atenção da administração tributária em uma eventual regulamentação.

A falta de referências normativas acentua a relevância do perfil pessoal de cada agente público para o sucesso da negociação. Percebe-se, empiricamente, uma certa ausência de padrão de institucionalidade negocial. Mudanças na composição da equipe de negociação, por exemplo, interferem nos acordos em construção e interrompem a comunicação. A forma eficiente de acesso à administração tributária, seja para iniciar ou dar continuidade a uma negociação, pode variar segundo a autoridade designada para conduzir o trabalho em cada caso. Não há, igualmente, uniformidade no tratamento entre contribuintes nas diferentes regiões. Essas questões poderiam ser tratadas em um disciplinamento futuro.

Regras de controle também podem favorecer a desjudicialização da divergência a respeito da validade da proposta de pagamento ou do plano de quitação. São os casos, ilustrativamente, de proposição alegadamente fundada em precedente administrativo[205] ou nos quais se verifique a possível necessidade de adaptar o plano de amortização a modificações no estado de direito, em função de entendimento judicial vinculante ou de regra de autoimposição administrativa, hipóteses já tratadas ao longo deste trabalho.[206]

Em situações dessa natureza, teria bastante utilidade um regramento que trouxesse clareza sobre o modo e os limites de atuação da autoridade administrativa, assegurando-se uma resposta fundamentada em tempo razoável.

---

205. A questão relativa aos precedentes administrativos foi abordada em item próprio da dissertação.

206. O emprego dos pactos aditivos para integrar a mudança do estado de direito ao plano de pagamento foi tratado em tópico específico.

É que, tratando-se de questões que estão fora do espaço de discricionariedade, não sujeitas à negociação, o agente administrativo atuará como controlador da legalidade na transação. Agirá, assim, em uma função tipicamente relacionada ao Poder Judiciário.[207]

Desse modo, à mingua de um devido processo negocial estabelecido, que assegure a efetiva tutela administrativa da legalidade com a participação substancial do contribuinte afetado, será grande o incentivo e espaço para a judicialização, ameaçando-se o propósito do instituto da transação.

A estruturação de um "incidente de legalidade administrativo" dentro do ambiente negocial da transação, nesse sentido, aproveitaria a todos os interessados efetivos e potenciais – contribuintes, Administração Pública e, inclusive, o Poder Judiciário.

Para a Administração Tributária, a processualização da atuação consensual poderia aprimorar a governança pública da transação tributária. Instituir-se-iam mecanismos mais efetivos de controle da conformidade, garantindo-se a isonomia possível na negociação e no cumprimento dos acordos e, assim, concretizando valores encartados na lei.[208]

---

207. "A função jurisdicional é exercida para, em síntese, executar o controle da observância da ordem jurídica – o controle de juridicidade – geralmente operado em concreto e, algumas vezes, em abstrato, e, ainda, quando for o caso, para executar a imposição concreta e definitiva da vontade ordinatória nela contida. Esta função se expressa pela decisão judicial, genericamente denominada sentença, que resulta de um ato de inteligência conjugado com um ato de vontade, e se integra pela execução judicial, que a operará concretamente, se necessário, com o emprego da força." (MOREIRA NETO, Diogo de Figueiredo. *Curso de direito administrativo*: parte introdutória, parte geral e parte especial. 16ª ed. Rio de Janeiro: Forense, 2014, p. 78)

208. "Há direto relacionamento entre processualização da atividade administrativa e incremento do controle da Administração Pública. Pela formalização das etapas de desenvolvimento da decisão administrativa no processo administrativo, o controle consequentemente amplia-se e se projeta a cada ato praticado ao longo do processo administrativo, não mais se resumindo apenas ao ato final. Isso favorece sobremaneira a negociação na atividade administrativa consensual, eis que as tratativas se formalizam no processo e são, assim, passíveis de detido controle para evitar o uso deturpado da consensualidade para conluio. A tradução da atividade

O particular, mesmo na hipótese de não obter o resultado pretendido, teria menos ânimo em contestar judicialmente uma resposta processualmente construída. Espera-se menor predisposição a questionamento sobre uma decisão administrativa se os argumentos que seriam judicializados houverem sido substancialmente apreciados. Ao mesmo tempo, a redução da percepção de injustiça oriunda da interação efetiva no controle da validade, com as garantias de um devido processo negocial, pode colaborar para a aceitação da deliberação em âmbito administrativo.[209]

O Poder Judiciário, caso convocado, ver-se-ia menos impelido a interferir. Uma decisão administrativa sobre aspectos de legalidade na transação – se bem embasada em um devido processo cercado de garantias – é dotada de maior legitimidade em razão da prévia demonstração

---

administrativa em processo também corrobora para a transparência administrativa na medida em que há sucessiva publicação dos atos interlocutórios, o que viabiliza detido acompanhamento, por exemplo, das políticas públicas em construção." (PALMA, Juliana Bonacorsi de. *Atividade Normativa da Administração Pública*. Estudo do Processo Administrativo Normativo. Tese (Doutorado em Direito) Faculdade de Direito da Universidade de São Paulo, 2014, p. 197.)

209. "Na relação administrativa processualizada, o particular deixa de ser mero destinatário do provimento administrativo final para passar a figurar como efetiva parte processual, que, para defesa de seus direitos e interesses, encontra-se plenamente legitimado a se contrapor à Administração Pública, bem como apresentar e solicitar a produção de provas em conformidade com a garantia da ampla defesa. (...) A mudança na postura do particular na atividade administrativa processual na comparação com a informada pela centralidade do ato administrativo afeta o modo de interação com o Poder Público. Para além da defesa de seus direitos pelo exercício da ampla defesa nos processos litigiosos, os cidadãos passam a se conectar diretamente com a formação da decisão da Administração Pública pela participação administrativa, notavelmente nos processos administrativos normativos e nos processos para elaboração de políticas públicas. O processo confere um dinamismo à atividade administrativa que o ato, estático por essência, é incapaz de promover. Desenvolvidos no curso do processo administrativo, os instrumentos de participação terminam por engrandecer o particular na gestão administrativa, que passa de um mero destinatário da ação administrativa para um efetivo partícipe da construção da decisão administrativa. Nessa perspectiva, o processo administrativo não pode ser tomado como um meio de exercício de poder, mas como meio de diluição de poder." (PALMA, Juliana Bonacorsi de. *Atividade normativa da administração pública*. Estudo do Processo Administrativo Normativo. Tese (Doutorado em Direito) Faculdade de Direito da Universidade de São Paulo, 2014, p. 197- 199.)

de higidez que a processualidade confere. Justificar-se-ia mais facilmente uma postura de deferência judicial à competência administrativa.[210]

A ideia, portanto, é que o incidente funcione como uma medida de redução do risco de judicialização. Transacionar permanece como alternativa ao processo judicial pactuada por opção das partes. A autonomia da vontade da administração pública, no entanto, é limitada pela legalidade e, nesse aspecto, existe espaço para que o próprio poder público estruture um procedimento de controle dos atos administrativos produzidos no contexto da transação, seja na fase de negociação ou na etapa de cumprimento do acordo.[211]

---

210. "Quando da análise dos acordos administrativos, o juiz deve deslocar o foco de análise do ato final para o processo administrativo dado que a consensualidade se procede ao longo do decurso procedimental, onde se verifica a negociação entre Poder Público e particular. O juiz deve assegurar o devido processo legal na celebração dos acordos administrativos, de forma que sejam observados todos os ritos processuais e demais exigências normativas à atuação administrativa consensual. Na atuação consensual, o Judiciário cumpre o relevante papel de impedir a captura da Administração Pública a partir do controle do processo administrativo sancionador no qual será celebrado o acordo substitutivo. Cabe ao Judiciário assegurar uma negociação efetivamente processual, que seja desenvolvida no âmbito do processo administrativo. Pode, para tanto, exigir a publicação das atas de negociação entre Poder Público e particular, ainda que ex post, o que não necessariamente implica em transcrição das tratativas que poderia minar a estratégia negocial da Administração tanto no presente processo sancionador quanto nos casos futuros. Sua principal atribuição é, então, garantir a regularidade do desenvolvimento da consensualidade, mas também se estende para a análise dos efeitos do acordo efetivado pela Administração Pública na medida em que as cláusulas pactuadas não devem impedir ou restringir direito de terceiros à avença." (PALMA, Juliana Bonacorsi de. *Atuação administrativa consensual*. Estudo dos acordos substitutivos no processo administrativo sancionador. Dissertação (Mestrado em Direito), Faculdade de Direito da Universidade de São Paulo, 2010, p. 300-301.)

211. "[...] em face de ato contaminado por vício de legalidade, o administrador deve realmente anulá-lo. A Administração atua sob a direção do princípio da legalidade (art. 37, CF), de modo que, se o ato é ilegal, cumpre proceder à sua anulação para o fim de restaurar a legalidade malferida. Não é possível, em princípio, conciliar a exigência da legalidade dos atos com a complacência do administrador público em deixá-lo no mundo jurídico produzindo normalmente seus efeitos; tal omissão ofende literalmente o princípio da legalidade" (CARVALHO FILHO, José dos Santos. *Manual de direito administrativo*. 33ª ed. São Paulo: Atlas, 2019, p. 269.)

Diante de um desafio novo – a atuação discricionária particularmente intensa na transação individual – as estruturas do processo precisam se adaptar a um sistema jurídico que promove e incentiva a negociação como método compositivo na seara fiscal.

A Administração Tributária, de forma democrática, em diálogo técnico com representações da sociedade,[212] deve construir normativamente um devido processo da negociação. Esse é um passo que ainda precisa ser dado para um modelo de consensualidade mais acertado, que não apenas resolva conflitos, mas o faça com o máximo grau de efetivação dos valores de justiça e isonomia na elaboração e implemento dos acordos.

212. "O administrado pode também ser parceiro da Administração Pública na edição dos regulamentos que irão, em alguma medida, trazer consequências jurídicas para sua esfera de direitos e interesses. Especialmente nos setores regulados, em que os regulados em geral celebram contratos relacionais com a Administração, o processo administrativo normativo consensual corrobora na manutenção do vínculo de confiança recíproca fundamental para uma dinâmica regulatória menos conflituosa e mais eficiente, portanto. Por essas razões, ainda quando o consenso não seja alcançado, é de se considerar a utilização do processo administrativo normativo consensual para superação dessa cultura adversária nos relacionamentos entre Administração Pública e administrados. Em decorrência, outras vantagens potencialmente decorrem da adoção desse procedimento na atividade normativa da Administração Pública, como a identificação das questões mais prementes no regulamento, sensibilização sobre a importância da disciplina jurídica proposta, levantamento de dados e obtenção de informações relevantes ao desenho do conteúdo normativo, bem como discussão das alternativas jurídicas, a fim de evidenciar qual delas suscita menos resistência por parte dos diversos grupos de interesses representados." (PALMA, Juliana Bonacorsi de. *Atividade normativa da administração pública.* estudo do Processo Administrativo Normativo. Tese (Doutorado em Direito) Faculdade de Direito da Universidade de São Paulo, 2014, p. 431.)

5. CONSIDERAÇÕES FINAIS

Esta obra teve o objetivo de debater o tema da isonomia no tratamento conferido aos contribuintes no contexto da transação tributária. A modalidade individual da transação – escolhida como painel para ilustrar a discussão – configura o cenário de maior poder discricionário da administração pública, o que torna o controle da igualdade mais difícil e importante.

As ferramentas dispostas no sistema jurídico, algumas das quais foram especificadas ao longo do livro, devem ser utilizadas pelos participantes do acordo para cumprir essa tarefa e concretizar os valores positivados na lei da transação.

Ideias tradicionais – como vinculação e discricionariedade administrativas – precisaram ser ressignificadas para que o novo paradigma, marcado pela liberdade negocial em matéria fiscal, não se subverta em um espaço imune a controles, tornando-o incompatível com a função pública em um modelo republicano e democrático de Estado.

Espera-se que esta obra tenha demarcado esses conceitos e colaborado com um critério que permita melhor conciliar os valores constitucionais de transparência e privacidade fiscal, sem que um controle externo efetivo da isonomia na transação se torne inviável.

Buscou-se, ao mesmo tempo, contribuir com ideias que auxiliem no exercício dessa fiscalização, de modo que ela não desvirtue os propósitos da transação. Assim, os riscos decorrentes da atuação judicial foram apontados e argumentou-se em favor de uma postura judicial de deferência e mínima intervenção sobre opções administrativas racionalmente justificadas.

Trazendo-se, por fim, a processualização da atividade consensual como um aprimoramento capaz de colaborar para uma maior adequação do procedimento de negociação e da execução do plano de pagamento ao ordenamento jurídico.

A construção de um devido processo negocial - mantendo espaço de criatividade e liberdade dos participantes - aproximará a isonomia possível da prática administrativa, aprimorará a governança da transação, minimizará o ânimo de judicialização dos aspectos relacionados à validade do acordo e legitimará uma postura deferente do Poder Judiciário, mitigando o risco de intervenção.

Essas ideias, inclusive, poderão ser aprofundadas em obras futuras. No que se refere especificamente à transação, poder-se-ia propor balizas mais específicas para a estruturação do devido processo de negociação, inclusive consultando-se e ouvindo-se opiniões e experiências de outros profissionais que atuem nessa seara. Outra possibilidade, que fica aqui como proposta, seria ampliar o escopo do debate e pensar na construção de uma teoria geral do processo consensual tributário, aplicável a outras modalidades de autocomposição em matéria fiscal.

REFERÊNCIAS

ARAÚJO, Juliana Furtado Costa; CONRADO, Paulo Cesar. Transação tributária no direito brasileiro e seus principais aspectos à luz da Lei nº 13.988/2020 com as alterações da Lei nº 14.375/2022. In: CONRADO, Paulo Cesar; e ARAÚJO, Juliana Furtado Costa (coordenadores). *Transação Tributária na Prática da Lei nº 13.988/2020*. São Paulo: Thomson Reuters Revista dos Tribunais, 2020

ARAÚJO, Juliana Furtado Costa; GASPERIN, Carlos Eduardo Makoul. Transação tributária federal e a rediscussão dos débitos transacionados. *Revista dos Tribunais*: RT, São Paulo, v. 112, n. 1057, p. 165-185, nov. 2023

ARAÚJO, Juliana Furtado Costa. A efetividade da cobrança do crédito tributário federal como fundamento legitimador da Portaria PGFN 33/18. In: ARAÚJO, Juliana Furtado Costa; e CONRADO, Paulo Cesar (org.). Inovações na cobrança do crédito tributário: de acordo com as Portarias PGFN nº 33/2018 e 360/2018. São Paulo: Ed. RT, 2019

ARAÚJO, Juliana Furtado Costa. A revisão de dívida inscrita e o controle de legalidade do crédito tributário federal. Conjur, 2021.

ARAGÃO, Alexandre Santos de. Teoria das autolimitações administrativas: atos próprios, confiança legítima e contradição entre órgãos administrativos. *Revista de Doutrina da 4ª Região*, n. 35, abr. 2010

ASSAF NETO, Alexandre. Estrutura e análise de balanços: um enfoque econômico-financeiro, 8ª ed. São Paulo: Atlas, 2007.

AVELINO, Murilo Teixeira; PEIXOTO, Ravi. *Consensualidade e poder público*. 2ª ed. Salvador: JusPodivm, 2022.

AVELINO, Murilo Teixeira; PEIXOTO, Ravi de Medeiros. Transação tributária: novo paradigma da autocomposição a partir da Lei nº 13.988/2020. Revista de Informação Legislativa: RIL, Brasília, DF, v. 59, n. 233, p. 63-64, jan./mar. 2022

BANDEIRA DE MELLO, Celso Antônio. O conteúdo jurídico do princípio da igualdade. 3ª ed., 8ª triagem. São Paulo: Malheiros, 1995.

BANDEIRA DE MELLO, Celso Antônio. Discricionariedade e Controle jurisdicional. 2. ed. 2ª tiragem. São Paulo: Malheiros, 1996.

BANDEIRA DE MELLO, Celso Antônio. “relatividade” da competência discricionária. Revista da Faculdade de Direito de São Bernardo do Campo, [S. l.], v. 4, 2015.

BANDEIRA DE MELLO, Celso Antônio. *Curso de direito administrativo.* 32ª ed. São Paulo: Malheiros, 2015.

BORGES, José Souto Maior. *Obrigação Tributária:* uma introdução metodológica. 3ª ed. São Paulo: Malheiros, 2015.

BOBBIO, Norberto. O futuro da democracia-uma defesa das regras do jogo. Tradução de Marco Aurélio Nogueira. 6ª ed. São Paulo: Editora Paz e Terra, 1997

BONAVIDES, Paulo. *Curso de direito constitucional.* 15. ed. São Paulo: Malheiros, 2004

BUENO DE GODOY, Claudio Luiz e outros. *Código Civil comentado*: doutrina e jurisprudência: Lei n. 10.406, de

10.1.2002. Coordenação: Cezar Peluso. 12ª ed. rev. e atual. Barueri, SP: Manole, 2018.

BRASIL. Constituição (1988). Constituição Federal da República Federativa do Brasil. Disponível em: https://www.planalto.gov.br/ccivil_03/constituicao/constituicao.htm

BRASIL. Lei nº 10.406, de 10 de janeiro de 2002. Institui o Código Civil. disponível em: https://www.planalto.gov.br/ccivil_03/leis/2002/l10406compilada.htm

BRASIL. Lei nº 5.172, de 25 de outubro de 1966. Dispõe sobre o Sistema Tributário Nacional e institui normas gerais de direito tributário aplicáveis à União, Estados e Municípios. Disponível em: https://www.planalto.gov.br/ccivil_03/leis/l5172compilado.htm

BRASIL. Lei nº 13.105, de 16 de março de 2015. Código de Processo Civil. Disponível em: https://www.planalto.gov.br/ccivil_03/_ato2015-2018/2015/lei/l13105.htm

BRASIL. Lei nº 13.988, de 14 de abril de 2020. Dispõe sobre a transação nas hipóteses que especifica; e altera as Leis n os 13.464, de 10 de julho de 2017, e 10.522, de 19 de julho de 2002. Disponível em: https://www.planalto.gov.br/ccivil_03/_ato2019-2022/2020/lei/l13988.htm

BRASIL. Lei nº 9.784, de 29 de janeiro de 1999. Regula o processo administrativo no âmbito da Administração Pública Federal. Disponível em: https://www.planalto.gov.br/ccivil_03/leis/l9784.htm

BRASIL. Lei nº 12.527, de 18 de novembro de 2011. Regula o acesso a informações previsto no inciso XXXIII do art. 5º, no inciso II do § 3º do art. 37 e no § 2º do art. 216 da Constituição Federal; altera a Lei nº 8.112, de 11 de dezembro de 1990; revoga a Lei nº 11.111, de 5 de maio de 2005, e dispositivos da Lei nº 8.159, de 8 de janeiro de 1991; e dá outras providências. Disponível em: https://www.planalto.gov.br/ccivil_03/_ato2011-2014/2011/lei/l12527.htm

BRASIL. Lei nº 10.522, de 19 de julho de 2002. Dispõe sobre o Cadastro Informativo dos créditos não quitados de órgãos e entidades federais e dá outras providências. Disponível em: https://www.planalto.gov.br/ccivil_03/leis/2002/l10522.htm

BRASIL. Lei nº 14.375, de 21 de junho de 2022. Altera as Leis nºs 10.260, de 12 de julho de 2001, 10.522, de 19 de julho de 2002, e 12.087, de 11 de novembro de 2009, para estabelecer os requisitos e as condições para realização das transações resolutivas de litígio relativas à cobrança de créditos do Fundo de Financiamento Estudantil (Fies), a Lei nº 10.861, de 14 de abril de 2004, para estabelecer a possibilidade de avaliação in loco na modalidade virtual das instituições de ensino superior e de seus cursos de graduação, a Lei nº 13.988, de 14 de abril de 2020, para aperfeiçoar os mecanismos de transação de dívidas, e a Lei nº 13.496, de 24 de outubro de 2017; e revoga dispositivos das Leis nºs 13.530, de 7 de dezembro de 2017, 13.682, de 19 de junho de 2018, 13.874, de 20 de setembro de 2019, e 14.024, de 9 de julho de 2020. Disponível em: https://www.planalto.gov.br/ccivil_03/_ato2019-2022/2022/lei/l14375.htm

BRASIL. Lei nº 221, de 20 de novembro de 1894. Completa a organisação da Justiça Federal da Republica. Disponível em: https://www.planalto.gov.br/ccivil_03/leis/1851-1900/l0221-1894.htm

BRASIL. Lei nº 10.637, de 30 de dezembro de 2002. Dispõe sobre a não-cumulatividade na cobrança da contribuição para os Programas de Integração Social (PIS) e de Formação do Patrimônio do Servidor Público (Pasep), nos casos que especifica; sobre o pagamento e o parcelamento de débitos tributários federais, a compensação de créditos fiscais, a declaração de inaptidão de inscrição de pessoas jurídicas, a legislação aduaneira, e dá outras providências. Disponível em: https://www.planalto.gov.br/ccivil_03/leis/2002/l10637.htm

BRASIL. Lei nº 10.833, de 29 de dezembro de 2003. Altera a Legislação Tributária Federal e dá outras providências. Disponível em: https://www.planalto.gov.br/ccivil_03/leis/2003/l10.833.htm

BRASIL. Lei Complementar nº 87, de 13 de setembro de 1996. Dispõe sobre o imposto dos Estados e do Distrito Federal sobre operações relativas à circulação de mercadorias e sobre prestações de serviços de transporte interestadual e intermunicipal e de comunicação, e dá outras providências. (LEI KANDIR). Disponível em: https://www.planalto.gov.br/ccivil_03/leis/lcp/lcp87.htm

BRASIL. Decreto-Lei nº 147, de 3 de fevereiro de 1967. Dá nova lei orgânica à Procuradoria Geral da Fazenda Nacional (P.G.F.N.) disponível em: https://www.planalto.gov.br/ccivil_03/decreto-lei/del0147.htm

BRASIL. decreto-Lei nº 4.657, de 4 de setembro de 1942. Lei de Introdução às normas do Direito Brasileiro. Disponível em: https://www.planalto.gov.br/ccivil_03/decreto-lei/del4657.htm

BRASIL. Decreto-Lei nº 1.598, de 26 de dezembro de 1977. Altera a legislação do imposto sobre a renda. Disponível em: https://www.planalto.gov.br/ccivil_03/decreto-lei/del1598.htm

BRASIL. Decreto-Lei nº 486, de 3 de março de 1969. Dispõe sôbre escrituração e livros mercantis e dá outras providências. Disponível em: https://www.planalto.gov.br/ccivil_03/decreto-lei/del0486.htm

BRASIL. Portaria RFB nº 2344, de 24 de março de 2011. disciplina o acesso a informações protegidas por sigilo fiscal constantes de sistemas informatizados da Secretaria da Receita Federal do Brasil. Disponível em: http://normas.receita.fazenda.gov.br/sijut2consulta/link.action?visao=anotado&idAto=30552

BRASIL. Portaria PGFN nº 33, de 08 de fevereiro de 2018. Regulamenta os arts. 20-B e 20-C da Lei nº 10.522, de 19 de julho de 2002 e disciplina os procedimentos para o encaminhamento de débitos para fins de inscrição em dívida ativa da União, bem como estabelece os critérios para apresentação de pedidos de revisão de dívida inscrita, para oferta antecipada de bens e direitos à penhora e para o ajuizamento seletivo de execuções fiscais. Disponível em: http://normas.receita.fazenda.gov.br/sijut2consulta/link.action?idAto=90028

BRASIL. Portaria PGFN nº 6757, de 29 de julho de 2022. regulamenta a transação na cobrança de créditos da União e do FGTS. Disponível em: http://normas.receita.fazenda.gov.br/sijut2consulta/link.action?idAto=125274

BRASIL. Portaria PGFN nº 396 de 20 de abril de 2016. Regulamenta, no âmbito da Procuradoria-Geral da Fazenda Nacional, o Regime Diferenciado de Cobrança de Créditos - RDCC. Disponível em: https://www.gov.br/pgfn/pt-br/assuntos/divida-ativa-da-uniao/estrategias-de-cobranca-1/regime-diferenciado-de-cobranca-rdcc/portaria396_2016_1.pdf

BRASIL. Portaria PGFN nº 5718 de 27 de junho de 2022. Constitui o Grupo Permanente de Classificação dos Créditos Inscritos em Dívida Ativa da União (GPCLAS). Disponível em: https://www.legisweb.com.br/legislacao/?id=378110

BRASIL. Portaria MF nº 293, de 12 de junho de 2017. Estabelece os critérios para classificação dos créditos inscritos em dívida ativa da União e institui o Grupo Permanente de Classificação dos créditos inscritos em dívida ativa da União (GPCLAS). Disponível em: http://normas.receita.fazenda.gov.br/sijut2consulta/link.action?visao=anotado&idAto=83674

BRASIL. Portaria normativa MF nº 1584, de 13 de dezembro de 2023. Dispõe sobre transação por adesão no contencioso tributário de relevante e disseminada controvérsia jurídica e de pequeno valor. Disponível em: http://normas.receita.fazenda.gov.br/sijut2consulta/link.action?idAto=135260

BRASIL. Portaria MF no 36, de 24 de janeiro de 2014. Aprova o Regimento Interno da Procuradoria Geral da Fazenda Nacional (PGFN). Disponível em: https://www.gov.br/pgfn/pt-br/acesso-a-informacao/institucional/competencia/base-juridica-da-estrutura-organizacional-e-competencias-da-pgfn/RI%20-%20PGFN_%202014.pdf

BRASIL. Portaria PGFN nº 838, de 01 de agosto de 2023. Estabelece as regras do atendimento às pessoas usuárias dos serviços prestados pela Procuradoria-Geral da Fazenda Nacional (PGFN). Disponível em: http://normas.receita.fazenda.gov.br/sijut2consulta/link.action?idAto=132412

BRASIL. Procuradoria-geral da fazenda nacional. Orientações de serviços aos contribuintes Consultar a capacidade de pagamento. disponível em: https://www.gov.br/pgfn/pt-br/servicos/orientacoes-contribuintes/consultar-a-capacidade-de-pagamento

BRASIL. Procuradoria-geral da fazenda nacional. Transparência fiscal. Painel das Negociações. Termos de Transação Individual. Disponível em: https://www.gov.br/pgfn/pt-br/assuntos/divida-ativa-da-uniao/transparencia-fiscal-1/painel-dos-parcelamentos/termos-de-transacao-individual

CARRAZA, Roque Antonio. *Curso de direito constitucional tributário.* 29ª ed. São Paulo: Malheiros, 2013.

CARVALHO, Paulo de Barro. *Direito tributário:* fundamentos jurídicos da incidência. 9ª ed., São Paulo: Saraiva

CARVALHO, Paulo de Barros. *Direito tributário, linguagem e método.* São Paulo: Noeses. 4ª ed., 2011

CARVALHO, Paulo de Barros. *Curso de direito tributário.* 24ª ed. São Paulo: Saraiva, 2012

CARVALHO FILHO, José dos Santos. *Manual de direito administrativo.* 33ª ed. São Paulo: Atlas, 2019

CANTANHEDE. Luis Claudio Ferreira. Transação tributária na dívida ativa – a isonomia como critério de restrição da discricionariedade na avaliação de propostas de transação individual. In: CONRADO, Paulo Cesar; e ARAÚJO, Juliana Furtado Costa (coordenadores). *Transação Tributária na Prática da Lei nº 13.988/2020.* São Paulo: Thomson Reuters Revista dos Tribunais, 2020.

CINTRA, Antonio Carlos de Araújo; GRINOVER, Ada Pellegrini; DINAMARCO, Candido Rangel. Teoria geral do processo. São Paulo: Malheiros ed. 31, 2015.

CONRADO, Paulo Cesar. *Processo judicial tributário.* São Paulo: Método, 2014.

CONRADO, Paulo Cesar. Transação antiexacional (contencioso) e sua possível incidência sobre a tese jurídica de fundo. In: CONRADO, Paulo Cesar; e ARAÚJO, Juliana Furtado Costa (coordenadores). *Transação Tributária na Prática da Lei nº 13.988/2020.* São Paulo: Thomson Reuters Revista dos Tribunais, 2020

CONRADO, Paulo Cesar; ARAUJO, Juliana Furtado Costa. Transação tributária no direito brasileiro e seus principais aspectos à luz da Lei n. 13.988/2020. In: CONRADO, Paulo Cesar; ARAUJO, Juliana Furtado Costa (coordenadores). *Transação Tributária na Prática da Lei nº 13.988/2020.* São Paulo: Thomson Reuters Revista dos Tribunais, 2020.

CONRADO, Paulo Cesar. O pedido de revisão de dívida inscrita (Portaria PGFN 33/2018) e a suspensão da exigibilidade do crédito tributário: discussões que envolvem a efetividade da cobrança do crédito tributário. In: ARAÚJO, Juliana Furtado Costa; e CONRADO, Paulo Cesar (org.). *Inovações na cobrança do crédito tributário*: de acordo com as Portarias PGFN nº 33/2018 e 360/2018. São Paulo: Ed. RT, 2019

CONRADO, Paulo Cesar. Execução fiscal, cobrança indireta, devido processo legal e desjudicialização. Conjur, 2022.

CONRADO, Paulo Cesar; CAMANO, Fernanda Donnabella. O (des)contencioso tributário: da litigiosidade escalar à transação de tese. São Paulo: Noeses, 2023.

CONRADO, Paulo Cesar; ARAÚJO, Juliana Furtado Costa. Introdução à Segunda Edição – a Lei n. 14.375/2022 e a Reafirmação do Importante Papel da Transação Tributária In: CONRADO, Paulo Cesar; e ARAÚJO, Juliana Furtado Costa (coordenadores). *Transação Tributária na Prática da Lei nº 13.988/2020*. São Paulo: Thomson Reuters Revista dos Tribunais, 2020

COSTA, Regina Helena *Curso de direito tributário:* Constituição e Código Tributário Nacional / Regina Helena Costa. – 4. ed. rev., atual. e ampl. – São Paulo: Saraiva, 2014

COSTA. Regina Helena. Imposto de renda e capacidade contributiva, in: *Revista CEJ/Conselho da Justiça Federal, Centro de Estudos Judiciários*, Brasília, n. 22, p. 25-30, jul./set. 2003

CUNHA, Leonardo Carneiro da. *A Fazenda Pública em juízo*. 13ª ed., Rio de Janeiro: Forense

DÁCOMO, Natalia de Nardi. Direito Tributário participativo: transação e arbitragem administrativas da obrigação tributária. Tese (Doutorado em Direito), Faculdade de Direito da Pontifícia Universidade Católica de São Paulo, 2008.

DI PIETRO, Maria Sylvia Zanella. *Discricionariedade Administrativa na Constituição de 1988*. 2ª edição. São Paulo: Atlas, 2012.

DI PIETRO, Maria Sylvia Zanella. Da constitucionalização do direito administrativo: reflexos sobre o princípio da legalidade e a discricionariedade administrativa. *Revista do*

Conselho Federal da Ordem dos Advogados do Brasil. Belo Horizonte, ano 2, n. 2, jan./jun. 2012

DI PIETRO, Maria Sylvia Zanella. *Direito administrativo*.33ª ed. Rio de Janeiro: Forense, 2020.

DI PIETRO, Maria Sylvia Zanella; MARTINS JUNIOR, Wallace Paiva. *Tratado de direito administrativo*, v. 1: Teoria geral e princípios do direito administrativo. São Paulo: Revista dos Tribunais, 2015

DIDIER JR., Fredie; BRAGA, Paula Sarno; OLIVEIRA, Rafael Alexandria de. *Curso de direito processual civil*. 10. ed. Salvador: JusPodivm, 2015. v. 2

IUDÍCIBUS, Sérgio; MARTINS, Eliseu; GELBCKE, Ernesto Rubens; DOS SANTOS, Ariovaldo. *Manual de contabilidade societária:* aplicável a todas as sociedades de acordo com as normas internacionais e do CPC. São Paulo: Atlas, 2010

GAMA. Clairton Kubassewski Transação em matéria tributária: natureza, consequências e segurança jurídica. In: *Rejuris STJ* – revista de estudos jurídicos do Superior Tribunal de Justiça, Brasília, ano 2, nº 2, p. 181-217, dez. 2021.

GAZOLA, Sebastião. *Construção de um modelo de regressão para avaliação de imóveis*. 2002. 104 f. Dissertação (Mestrado em Engenharia de Produção), Universidade Federal de Santa Catarina, 2002.

GOMES. Daniel de Paiva. A renúncia às alegações de direito, atuais ou futuras, sobre as quais se funda a defesa do contribuinte enquanto condição à celebração de transação em matéria tributária. In: CONRADO, Paulo Cesar; e ARAÚJO, Juliana Furtado Costa (coordenadores). *Transação Tributária na Prática da Lei nº 13.988/2020*. São Paulo: Thomson Reuters Revista dos Tribunais, 2020

GONÇALVES. Carla de Lourdes. Rescisão da transação individual diante da declaração de inconstitucionalidade pelo STF. In: CONRADO, Paulo Cesar; e ARAÚJO, Juliana

Furtado Costa (coordenadores). *Transação Tributária na Prática da Lei nº 13.988/2020*. São Paulo: Thomson Reuters Revista dos Tribunais, 2020

HOFFMANN, Rodolfo. *Análise de regressão:* uma introdução à econometria. Portal de Livros Abertos da Universidade de São Paulo (USP). 5ª ed. Piracicaba: HUCITEC. 2016

KELSEN, Hans. *Teoria pura do direito*. Tradução de João Baptista Machado. 6ª ed. São Paulo: Martins Fontes, 1998

KRELL, Andreas Joachim. Discricionaridade administrativa, conceitos jurídicos indeterminados e controle judicial. *Revista Esmafe*: Escola de Magistratura Federal da 5ª Região, Recife, n. 8, p. 177-224, dez. 2004

LARENZ, Karl. *Metodologia da ciência do direito*. 3ª ed. José Lamego (trad.). Lisboa: Fundação Calouste Gulbenkian, 1997.

LUNARDELLI, Maria Rita Gradilone Sampaio; CONRADO, Paulo Cesar. Discricionariedade e transação no contencioso. In: CONRADO, Paulo Cesar; e ARAÚJO, Juliana Furtado Costa (coordenadores). *Transação Tributária na Prática da Lei nº 13.988/2020*. São Paulo: Thomson Reuters Revista dos Tribunais, 2020

MACHADO, Hugo de Brito. Transação e arbitragem no âmbito tributário. In: SARAIVA FILHO, Oswaldo Othon de; GUIMARÃES, Vasco Branco (organizadores). *Transação e arbitragem no âmbito tributário*: homenagem ao jurista Carlos Mario da Silva Velloso. São Paulo: Fórum, 2008.

MARQUES NETO, Floriano de Azevedo. *Regulação Estatal e Interesses Públicos*. São Paulo: Malheiros, 2002.

MEDAUAR, Odete. *Direito administrativo moderno*. 21. ed. Belo Horizonte: Fórum, 2018

MEIRELLES, Hely Lopes. Formação, efeitos e extinção dos atos administrativos negociais. *Revista de Direito Administrativo*, Rio de Janeiro /RJ, 158:15-19, out./dez. 1984

MEIRELLES, Hely Lopes. *Direito administrativo brasileiro.* 42ª ed. Atualizada por Emmanuel Burle Filho. São Paulo: Malheiros, 2016.

MOREIRA NETO, Digo de Figueiredo. Legitimidade e discricionariedade: novas reflexões sobre os limites e controle da discricionariedade. 3ª ed. Rio de Janeiro: Forense, 1998

MOREIRA NETO, Diogo de Figueiredo. *Curso de direito administrativo:* parte introdutória, parte geral e parte especial. 16ª ed. Rio de Janeiro: Forense, 2014

OLIVEIRA, Rafael Carvalho Rezende. *Precedentes no direito administrativo.* Rio de Janeiro: Forense 2018.

PALMA, Juliana Bonacorsi de. *Atividade Normativa da Administração Pública.* Estudo do Processo Administrativo Normativo. Tese (Doutorado em Direito) Faculdade de Direito da Universidade de São Paulo

PALMA, Juliana Bonacorsi de. Atuação Administrativa Consensual. *Estudo dos acordos substitutivos no processo administrativo sancionador*. Dissertação (Mestrado em Direito), Faculdade de Direito da Universidade de São Paulo, 2010.

PARISI, Fernanda Drummond. *Transação Tributária no Brasil:* supremacia do interesse público e a satisfação do crédito tributário. Tese (Doutorado em Direito) Pontifícia Universidade Católica de São Paulo – PUC-SP, 2016.

PEREZ, Marcos Augusto. *O controle jurisdicional da discricionariedade administrativa:* métodos para uma jurisdição ampla das decisões administrativas. Tese (Livre Docência) – Universidade de São Paulo, 2018

PINHO, Mariana Corrêa de Andrade. Capacidade de pagamento como expressão do princípio da igualdade na transação tributária. In: CONRADO, Paulo Cesar; ARAÚJO, Juliana Furtado Costa. (coordenadores). *Transação*

Tributária na Prática da Lei nº 13.988/2020. São Paulo: Thomson Reuters Revista dos Tribunais, 2020

PONTES DE MIRANDA, Francisco Cavalcante. Incidência e Aplicação da lei. *Revista da Ordem dos Advogados de Pernambuco*, ano 01, nº 01, Recife, 1956

PONTES DE MIRANDA. Francisco Cavalcanti. *Tratado de Direito Privado tomo XXV.* Atualizado por Nelson Nery Jr e Rosa Maria de Andrade Nery. São Paulo: Ed. RT, 2012.

Pronunciamento Técnico CPC 00. Estrutura conceitual para relatório financeiro.

Pronunciamento Técnico CPC 03 (R2). Demonstração dos fluxos de caixa.

Pronunciamento Técnico CPC 05 (R1). Divulgação sobre Partes Relacionadas.

Pronunciamento Técnico CPC 23. Políticas contábeis, mudança de estimativa e retificação de erro.

Pronunciamento Técnico CPC 26 (R1). Apresentação das demonstrações contábeis.

SARLET, Ingo Wolfgang. A eficácia do direito fundamental à segurança jurídica: dignidade da pessoa humana, direitos fundamentais e proibição de retrocesso social no direito constitucional brasileiro. In: *Revista Eletrônica de Direito do Estado* (REDE), Salvador, Instituo de Direito Público, nº 32, outubro/novembro/dezembro de 2012

SANDRONI, Paulo. *Novíssimo dicionário de economia.* São Paulo: Best Seller. 1999

SCHOUERI, Luís Eduardo. *Direito tributário.* 9ª ed. São Paulo: Saraiva Educação, 2019.

SCHOUERI, Luís Eduardo; BARBOSA, Mateus Calicchio. Transação e novação: a extinção do crédito tributário pelo artigo 171 do CTN e a (im)possibilidade de repetição de indébito. In: SARAIVA FILHO, Oswaldo Othon de Pontes (coord.). Transação Tributária :homenagem ao jurista Sacha Calmon Navarro Coêlho. Belo Horizonte. Fórum, 2023

SILVA, Almiro do Couto e. Princípios da legalidade da Administração Pública e de segurança jurídica no Estado de Direito contemporâneo, in: *Revista da Procuradoria-Geral do Estado do Rio Grande do Sul*, Porto Alegre, v. 18, n. 46,

SOUZA JÚNIOR, Antonio Carlos de. *A conservação do ato irregular no direito tributário*. São Paulo: Noeses, 2022

SILVA. Lázaro Reis Pinheiro. Transação como mecanismo preparatório para a extinção da obrigação tributária. In: CONRADO, Paulo Cesar; e ARAÚJO, Juliana Furtado Costa (coordenadores). *Transação Tributária na Prática da Lei nº 13.988/2020*. São Paulo: Thomson Reuters Revista dos Tribunais, 2020

SUNDFELD, Carlos Ari. Direito administrativo para céticos. São Paulo: Malheiros, 2012

TÁCITO, Caio. A administração e o controle de legalidade. *Revista De Direito Administrativo*, 37, 1954.

VERGUEIRO. Camila Campos. CPC/2015, regulamentação da transação e suas modalidades In: CONRADO, Paulo Cesar; e ARAÚJO, Juliana Furtado Costa (coordenadores). Transação Tributária na Prática da Lei nº 13.988/2020. São Paulo: Thomson Reuters Revista dos Tribunais, 2020

VILANOVA, Lourival. *Causalidade e relação no direito*. 4ª ed. São Paulo: Revista dos Tribunais, 2000

VILANOVA, Lourival. *Estruturas lógicas e o sistema de direito positivo*. São Paulo: Noeses. 4ª ed., 2010

XAVIER, Alberto. *Do lançamento no direito tributário brasileiro*. 3ª ed. Rio de janeiro: Forense, 2005